하루 5분 UX

하루 5분 UX

조엘 마시 지음
김은지 옮김

UX/UI 디자인 실무를
위한 100가지 레슨

UX For Beginners

유엑스 리뷰

들어가며

이 책은 어떻게 나왔는가

처음에 이메일 뉴스레터였던 것이 블로그로 성장했고, 점점 입소문이 나더니 이제 책으로 탄생했다. 이 책은 과학과 실제 독자들을 대상으로 한 리서치에 기반을 두고 있다. 업계 선두에 있는 UXer들이 내용을 검수했고, 가능한 많은 사람이 재미있게 읽고 유용하게 이용할 수 있도록 구성했다. 나는 책을 쓰는 동안에도 계속해서 많은 피드백을 모았다.

나는 스타트업, 유명 글로벌 브랜드, 기업의 인하우스^{in-house} 등에서 일했는데, 모든 곳에서 매우 기초적인 UX^{User eXperience}('사용자 경험'의 줄임말) 관련 질문을 반복해서 받았다. 그래서 UX 핵심 팁에 관한 뉴스레터를 만들어 동료들에게 보내기로 결심했다.

간단한 UX 주제 한 가지를 골라 짧고 재미있는 레슨 형식으로 일주일에 한 번씩 회사 전체에 이메일을 보냈다. 그들은 매우 바쁘고 UX 전문가가 아니었기에 내가 하는 일에 관심을 갖게 하려면 내용이 재미있어야 한다고 생각했다. 나는 그들을 UX 입문자라고 가정했다.

처음에는 바쁜 사람들을 성가시게 하는 건 아닌지, 잘난 척하는 것처럼 보이지는 않을지 걱정했다. 하지만 다행히도 모두 좋아해주었다. 심지어 질문을 해주는 사람들도 있었다. 얼마 지나지 않아 나의 뉴스레터는 고객 미팅에서 사용되기 시작했고, 회사 밖에서도 뉴스레터를 구독할 수 있는 방법을 묻기 시작했다.

나는 UX 포럼에서 가장 많이 나오는 질문이 "UX를 시작하려면 무슨 책을 읽어야 할까요?"라는 사실을 알게 되었다. 그래서 나의 핵심 팁을 모아 블로그(www.TheHipperElement.com)를 만들었다. 블로그에서 시도한 첫 번째 프로젝트는 'UX 속성 강좌'였다. 2014년 1월부터 UX에서 가장 핵심이라 생각하는 31개 주제를 골라 매일 포스팅을 했다. 결과는 매우 성공적이었다. 광고를 일절 하지 않았는데도 100만이 넘는 조회 수를 기록했다.

속성 강좌를 정리한 블로그는 이 책이 나오게 된 동기다. 또 이 책이 출간되기 전까지는 입문자를 위한 UX 안내서가 거의 없기도 했다. 2015년 기준 미국에서 가장 수요가 많은 직업 순위 14위에 UXer가 올랐는데도 말이다!

이 책은 누구를 위한 것인가

만약 UX가 무엇인지 아직 잘 모른다면 이 책을 잘 선택한 것이다. 이 책은 3가지 유형의 사람들을 위해 쓰였다. 디자이너가 되려는 사람과 UX 디자이너들의 매니저, 그리고 UX에 대해 자세히 알고 싶은 다른 분야의 전문가.

당신이 디자이너가 아니어도 상관없다. 나는 쉬운 방식으로(놀랍게도 쉬운 책을 찾기가 너무 어렵다) UX를 알릴 것이고, 더 많은 디자이너가 배출되기를 원한다. 이 책은 '디자이너처럼 생각하기', 'UX 사고방식'과 같은 이야기를 하는 책이 아니다. 실제로 무엇을 해야 하는지 알려주는 실용적인 레슨이다. 쉽게 말해 '첫 직장에 출근한 날 UX 디자이너처럼 일하는 방법' 같은 것을 알려줄 것이다. 당신이 UX에 두려움을 가지고 있는 학생 혹은 인턴이라면 격하게 환영한다.

당신이 UX 디자이너들을 관리하는 매니저라면 본인 역시 디자이너이거나 디자이너에게 지시를 내리는 책임자일 것이다. 어떤 경우에 속하든 디자인을 잘 관리할수록 디자인하는 데 걸리는 시간을 줄일 수 있다. 그러므로 다시 배우는 건 언제나 유용하다.

마지막으로, 당신은 프로그래밍이나 프로젝트 매니지먼트, 영업 등 당신의 분야에서는 전문가이지만 지금은 UX 디자인에 관해 알아야 하는 상황에 놓였는지도 모른다. 디지털 서비스 산업 전반에서 UX가 핵심 요소라는 사실을 깨달은 덕분에 말이다! 이 책은 UX에 대해 그럴 듯하게 말할 수 있도록, 실제 UX 분야에서 일하는 사람들을 이해할 수 있도록 도와줄 것이다.

이 책은 어떻게 구성되어 있는가

이 책에는 100개의 레슨이 있고, 그것을 크게 몇 개의 장으로 구분했다. 그리고 실제 프로젝트에서 UX를 진행하는 과정을 따랐다. 그러므로 이제 막 UX 관련 업무를 시작했다면 지금 당장 이 책을 펼치면 된다. 우리가 함께 일하는 것처럼 말이다.

이 책에는 장황한 사례 연구나 복잡한 다이어그램, 특정 주제에 대한 심층 분석 같은 건 없다. 이 책은 사용자 경험 디자인을 빠르고 쉽게 소개할 목적으로 만들어졌다. 레슨은 짧다. 내가 얼마나 재미있고 겸손한 사람인지 말했던가?

이 책은 짧지만, 세상의 모든 UX 주제를 소개하지는 않았지만 꽤 많은 내용을 담고 있다. 특히 입문자에게 필요한 내용에 집중했기 때문에 이터레이션^{iteration}이나 린^{lean}, 애자일^{agile} 프로세스, 컨텍스추얼^{contextual} 디자인, 디자인 크리틱$^{design\ critique}$과 같은 다소 어려운 개념은 담지 않았다. 그러한 것들은 좀 더 경험을 쌓은 디자이너들이 배울 내용이다. 궁금하다면 구글을 통해 검색하거나 그에 대한 내용을 소개한 책들을 읽어보길 바란다.

100개의 레슨은 모두 독립적으로 이루어져 있다. 따라서 순서대로 읽지 않아도 된다. 특별히 알고 싶은 내용이 있다면 그 부분부터 먼저 읽어도 좋다. 레슨은 다음과 같이 14개의 장으로 나누었다.

- 제1장 '핵심 아이디어'에서는 기본적인 개념에 관해 배울 것이다. UX 디자인은 간혹 직관적이지 않은 경우도 있어 '상식'이 잘못된 길로 이끌 때도 있다. 만약 디자인을 해본 경험이 전혀 없다면 각각의 레슨을 정성 들여 읽고, 다음 장을 읽기 전에 충분히 소화할 시간을 가지길 바란다.

- 제2장 '명심해야 할 것'에서는 앞으로 나올 내용에 대한 이해를 돕기 위해 실용적인 것들을 배울 것이다. 대기업에서 일하게 될 경우 고생하지 않으려면 반드시 알아두어야 하는 내용이다.

- 제3장 '행동의 기초', 제4장 '사용자 리서치', 제5장 '정신의 한계'에서는 인간이 어떤 행동을 하는지, 왜 그런 행동을 하는지에 대한 근본적인 이유를 살펴볼 것이다. 또한 사용자가 우리가 예상하지 못한 행동을 할 경우 이를 조사하는 방법에 대해서도 알아볼 것이다.

- 제6장 '인포메이션 아키텍처'와 제7장 '행동 디자인'에서는 앞서 배운 기본적인 내용들을 제품에 적용해볼 것이다. 사용자 경험 디자인의 프로세스 및 체계에 해당하는 내용이다. 디자인을 새로운 관점으로 보는 계기를 마련해줄 것이다.

- 제8장 '시각 디자인 원칙'은 제9장 '와이어프레임과 프로토타입' 전에 나온다. 그 이유는 좋은 와이어프레임(UX 디자이너가 작

성하는 주요 문서)을 만들려면 어떻게 보이는지가 아니라 어떻게 디자인이 작동하는지를 알아야 하기 때문이다. 디자인의 크기와 색상, 레이아웃이 어떤 방식으로 사용자에게 영향을 미치는지 이해하고 나면 어떻게 와이어프레임을 작성해야 하는지, 또 어떻게 하면 안 되는지 알 수 있을 것이다.

- 제10장 '사용성의 심리학'과 제11장 '콘텐츠'에서는 어떻게 하면 디자인을 좀 더 쉽고 설득력 있게 만들 수 있는지, 그리하여 어떻게 더 많은 사람이 사용하게끔 할 수 있는지에 대해 알아볼 것이다.

- 제12장 '진실의 순간'은 특히 중요하다. 여기서는 출시에 관해 배울 것이다.

- 좋은 UX 디자이너라면 출시 후에 자신의 디자인이 실제로 사용자에게 어떻게 작동하는지 측정해야 한다. 제13장 '디자이너를 위한 데이터'에서는 그에 대한 내용을 살펴볼 것이다. 어려울 것 같다고? 걱정할 필요 없다. 방정식 같은 건 나오지 않는다. 대부분 사진이다.

- 마지막 제14장 'UX 업계에 몸담고 싶다면'에서는 어떤 UX 분야가 당신에게 적합한지, 포트폴리오에는 무엇을 담아야 하는지, 일을 시작하면 실제 무슨 일을 하게 되는지 간단히 살펴볼 것이다.

보다 쉬운 이해를 돕기 위해 재미있는 삽화를 많이 실었다. 위대한 저자라면 자신의 논점을 이해시키기 위해 고무 오리 몇 마리쯤은

가지고 있으니 말이다.

"나는 언제나 고무 오리와 함께한다. 언제나."

—어니스트 헤밍웨이*Ernest Hemingway*

이 책의 주요 목표는 무엇인가

훌륭한 UX 프로젝트에는 언제나 목표가 있듯, 나도 이 책을 통해 이루고자 하는 2가지 목표가 있다.

- 더 많은 UX 디자이너 배출하기
- 백만장자 되기

즉 사용자 목표와 비즈니스 목표인 셈이다. 첫 번째 목표를 멋지게 달성해야만 두 번째 목표를 달성할 수 있다. 내가 좋은 UX 디자이너를 더 많이 배출해야 더 많은 디자이너가 이 책에 관해 이야기하고 공유할 것이다. 그럼 또다시 더 많은 사람이 UX 디자이너가 될 것이고, 나도 정원에 라마를 키울 수 있을 정도의 부자가 될 수 있을 것이다. 이것이 모든 디자이너의 꿈이 아닐까?

따라서 내가 정말 100만 달러짜리 라마 제국을 건설하려면 많은 사람이 이 책을 통해 훌륭한 경험을 할 수 있도록 해야 한다. 내가 성공하면 우리 모두 이득, 내가 실패하면 우리 모두 손해. UX도 마찬가지여야 한다. 몇몇 사람은 이를 '공감'이라고 부른다. 나는 그저 좋은 제품 디자인이 작동하는 방식이라고 생각한다.

그리고 진심으로 이 책이 좋았다면 더 많은 사람에게 공유해주기 바란다. 라마는 알아서 크는 게 아니다.

즐겁게 읽으시길!

감사의 말

이 책은 UX 커뮤니티, 많은 학생들과 재능 많은 인턴들, 10여 년 동안 함께 일한 동료들이 없었다면 세상에 나오지 못했을 것이다. 그들의 질문과 피드백, 관심 덕분에 이 책이 완성될 수 있었다. 'UX 속성 강좌'를 쓰기 위해 이른 시간에 일어날 때마다 단잠을 방해받았지만 꼭 참아준 여자 친구 카밀라와 내가 "내 블로그에……", "내 책에……"라고 말할 때마다 눈알을 굴리지 않고 귀 기울여준 친구들에게도 고마움을 전한다.

또 이 책을 읽든, 읽지 않든 좋은 UX 디자이너가 되기 위해 소중한 시간을 들이며 애쓰고 있는 모든 이에게 감사의 말을 전한다.

친구들이여, 우리는 실시간으로 미래를 만들고 있다!

차례

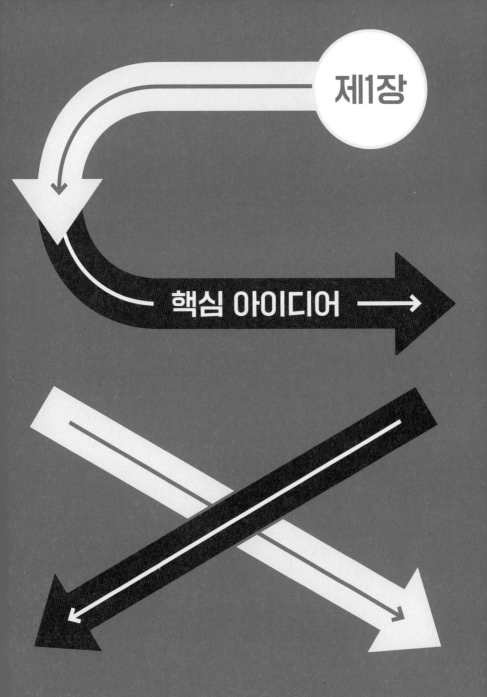

제1장

핵심 아이디어 →

UX란 무엇인가

무엇이든 처음 시작할 때 제대로 배워야 한다.

모든 것에 사용자 경험이 필요한 시대

우리가 해야 할 일은 단순히 사용자 경험을 만들어내는 것이 아니다. '잘' 만들어야 한다. '잘' 만든다는 건 정확히 무슨 의미일까? 많은 사람이 사용자가 만족하는 사용자 경험이 잘 만든 것이라고 말한다.

천만에!

만일 목표로 삼은 것이 사용자 만족 하나라면 그냥 웃긴 고양이 사진이나 좋은 말 몇 마디를 덧붙여놓고 퇴근하면 된다. 그런데 그렇게 하고 집에 가버린다면 적어도 상사의 심기는 많이 불편해질 것이다. (더 나쁜 일이 생길 수도 있다!) UX 디자이너의 목표는 사용자가 쓰기 편하게 만드는 데 있다.

'사용자 경험'은 빙산의 일각

많은 사람이 'UX'를 '사용자 경험'이라고 단순 해석하는 경향이 있는데, 실제 UX란 사용자 경험 디자인 프로세스를 따라 '진행'하는 것이다. 사용자의 개별적 경험은 당신이 만든 애플리케이션이나 웹사이트에 관한 그들의 의식적이고 주관적인 견해일 뿐이다. 사용자의 피드백이 중요할 때도 있지만 UX 디자이너라면 그보다는 더 나은 것을 제시할 수 있어야 한다.

UX '하기'

UX 디자인(혹은 UXD)은 과학과 매우 비슷한 프로세스를 거친다. 사용자에 대한 이해를 위해 리서치를 수행하고, 그들의 필요를 충족시킬 아이디어를 구상하며, 현실에서 이를 구현해 효과를 확인한다.

지금부터 이 책을 통해 그러한 내용을 배우게 될 것이다. 그런데 만약 원하는 것이 이게 아니라면 그냥 웃긴 고양이 사진이나 찾아보도록 하라.

UX의 5대 핵심 요소

사용자 경험 디자인이란 프로세스다. 이 책은 그 프로세스의 전반적인 내용을 다루겠지만, 기억해야 할 것은 딱 5가지다. 그것은 바로 심리, 사용성, 디자인, UX 라이팅, 분석!

각각의 UX 요소만으로도 책 한 권은 거뜬히 쓸 수 있다. 따라서 이 책에서는 각 요소를 간추려 살펴볼 예정이다. 그러니까 위키피디아라기보다는 단기 집중 강좌가 될 것이다. 그래도 공정하게 말하면, 위키피디아의 UX 페이지는 UX가 무엇인지 대략적으로 들어본 사람이 썼을 것이다.

1. 심리

사용자의 마음은 복잡하다. UXer들 또한 주관적인 생각과 감정에 많은 부분 의존하며 일한다. 그리고 그들은 당신이 만든 것에 동의할 수도, 반대할 수도 있다. 그러므로 UX 디자이너라면 가끔은 자신을 포함한 UXer들의 생각을 무시할 줄도 알아야 하는데, 사실 이는 쉬운 일이 아니다.

- 사용자가 의도한 바는 무엇인가?

- 이 프로세스는 사용자의 기분을 어떻게 만드는가?

- 사용자가 목적한 바를 이룰 때까지 어느 정도의 수고가 드는가?

- 사용자가 이 행동을 반복할 시 어떤 습관이 생기는가?

- 사용자는 버튼을 클릭할 때 무엇을 예상하는가?

- 사용자는 배운 적 없는 내용을 이미 잘 알고 있다고 가정하진 않았는가?

- 사용자가 기꺼이 다시 할 만한 경험인가? 그렇다면 왜 그런가? 얼마나 자주 가능한가?

- 자신이 아니라 사용자의 필요와 욕구를 고려했는가?

- 사용자가 잘 따를 때는 어떤 보상을 하고 있는가?

2. 사용성

사용자 심리가 무의식의 영역이라면 사용성은 의식의 영역이다. 당신도 뭔가 복잡하면 금세 알아차리지 않는가. 게임을 할 때는 어려울수록 더 재미를 느끼지만, 그 외에는 바보도 할 수 있을 만큼 쉬운 것을 원한다.

- 프로세스를 더 간소화할 수 있는가?

- 사용자의 실수를 사전에 방지할 수 있는가?

- 사용이 쉽고 명료한가, 아니면 그 반대인가?

- 찾기 쉽고(좋음), 한눈에 딱 보이며(더 좋음), 무의식적으로도 따라갈 수 있는가(제일 좋음)?

- 사용자 입장에서 만들었는가, 아니면 그 반대인가?

- 사용자에게 필요한 모든 정보를 제공했는가?

- 좀 더 일반적인 작업으로도 이 문제를 해결할 수 있는가?

- 자신의 논리와 분류 방식에 따라 만들었는가, 아니면 사용자의 직관을 따랐는가? 그건 어떻게 판단할 수 있는가?

- 사용자가 작은 글자 부분을 읽지 않더라도 진행 가능한가?

3. 디자인

UX 디자이너로서 생각하는 '디자인'은 다른 디자인 분야와 달리 예술과는 살짝 거리가 있을 것이다. 즉 본인의 '마음에 드는지'와는 크게 상관이 없는 것이다. UX에 있어 디자인이란 일이 진행되는 방식을 말하며 결과에 대한 객관적인 평가도 가능하다. 스타일의 문제가 아니다.

- 사용자 관점에서 좋아 보이는가? 한눈에 신뢰감을 주는가?

- 글로 쓰여 있지 않더라도 사용자가 목적과 기능을 알 수 있는가?

- 해당 브랜드를 잘 나타내는가? 통일감을 주는가?

- 사용자가 순서대로 진행할 수 있도록 디자인되었는가? 그건 어떻게 알 수 있는가?

- 색깔, 모양, 글씨체는 사용자가 원하는 것을 쉽게 찾게 만들고 세부적인 편리성 또한 증대하는가?

- 클릭 버튼은 다른 것들과 구별되는가?

4. UX 라이팅

일반적인 브랜드 카피라이팅(텍스트)과 UX 라이팅writing은 매우 다르다. 브랜드 광고 문구는 브랜드가 추구하는 이미지와 기업 가치를 담는다. 그러나 UX 라이팅은 최대한 단순하고 명료해야 한다.

○ 사용자에게 신뢰감을 주고 무엇을 해야 할지 명확히 알려
　주는가?

○ 사용자가 목표에 잘 도달할 수 있도록 동기를 부여하는가?
　그것이 우리가 원하는 바가 맞는가?

○ 가장 크게 보이는 텍스트가 가장 중요한 것이 맞는가? 아
　니라면 왜 아닌가?

○ 사용자에게 정보를 제공하는가, 아니면 사용자가 이미 알
　고 있다는 가정하에 작성되었는가?

○ 불안감을 조성하지는 않는가?

○ 단순하고 명료하며 직설적이면서도 기능적인가?

5. 분석

많은 디자이너가 분석하는 것을 어려워한다. 하지만 이 문제를
함께 해결해나갈 수 있다! 사실 분석이야말로 UX를 다른 유형
의 디자인과 확연히 구분되게 해주는 요소이며, 각각의 희소가
치를 높여준다. 뛰어나게 분석할 수 있게 되면 더 많은 수익을
창출할 수 있는 경쟁력을 가질 수 있다.

- 자신의 말이 옳다는 사실을 증명하는 데이터만 활용하는 가, 아니면 사실을 객관적으로 받아들이는가?

- 주관적인 의견들에 현혹되는가, 아니면 객관적인 정보를 찾고 있는가?

- 위의 질문에 답할 수 있는 사실 근거들을 마련해두었는가?

- 사용자들이 그렇게 행동하는 이유를 그저 수박 겉핥기식으로 알고 있는가, 아니면 그들이 하는 행동의 의미를 잘 이해하고 있는가?

- 절대적인 수치를 확인하는가, 아니면 상대적인 개선 정도를 확인하는가?

- 그건 어떻게 측정하는가? 자신에게 필요한 수치를 제대로 측정하고 있는가?

- 나쁜 결과도 확인하는가? 아니라면 왜 하지 않는가?

- 디자인을 개선하기 위해 이러한 분석 결과를 어떻게 활용하는가?

당신의 관점

UX 세계에서는 문제를 바라보는 관점에 따라 일이 잘될 수도 있고, 안 될 수도 있다. 또 자신의 욕망과 경험은 사용자에게 불리하게 작용할 수도 있다.

너 자신을 알라

사용자를 이해하기에 앞서, 다음 2가지를 늘 명심해야 한다.

- 내가 원하는 것들은 사용자에게 중요하지 않다.
- 내가 알고 있는 것들은 사용자에게 중요하지 않다.

자, 1분간 이를 가슴에 새기자.

사용자가 원하는 것을 추구하라

UX 분야에서 자주 언급되는 단어 중 하나는 바로 '공감'이다. 공감은 다른 분야에서도, UX에서도 매우 중요하다.

그런데 비밀을 하나 알려주자면 세상 모든 사람은 연쇄살인범이 아닌 이상 공감 능력을 가지고 태어났다. 만약 당신이 연쇄살인범이라면 UX 디자인은 당신에게 어울리지 않다. 어쨌든 우리가 천성적으로 원하는 것이 사용자가 원하는 것이 아닐 수도 있으며, 그건 대단히 중요한 문제다. 사용자를 분석할 때 작용하는 직관이 틀릴 수도 있다는 뜻이기 때문이다!

그러니 리서치를 하라. 사용자와 대화하라. 데이터를 연구하라. 종종 강아지도 좀 껴안고. 그 과정에서 사용자가 겪는 문제를 진심으로 이해하게 되면 감정적으로도 내 문제처럼 느끼게 될 것이다. 그게 바로 공감이다. 그러면 마음이 동해 좋은 해결책을 찾고 싶어진다. 어떤 감상적인 영웅 심리 때문이 아니라 사용자들과 심적으로 가까워졌기 때문이다. 당신도 이제 사용자 중 한 명이다.

여기서 잠깐 질문!

○ 만약 사용자를 위한 기능^{feature} 넣기와 당신의 포트폴리오를 위한 디자인하기 중 하나를 택해야 한다면 무엇을 택하겠는가?

○ 만약 사용자가 당신의 디자인을 좋아하지 않는다면 그 이유는 무엇이겠는가?

○ 소프트웨어를 실행할 때 전 과정을 뚜렷하게 인지하며 진행했는가, 아니면 별생각 없이 그저 '다음' 버튼을 클릭했는가?

자신보다 덜 아는 사람을 위해 디자인하라

자신보다 조금 덜 아는 사람들을 위해 디자인하는 것이 UX의 핵심이다. 모자란 사람들이 아니라, 덜 아는 사람들을 위한 것임을 명심해야 한다.

당신은 웹 사이트를 사용자 기호에 맞게 조금만 바꾸면 더 좋아질 것이라는 사실을 알고 있지만 사용자들은 알지 못한다. 당신은 사이트의 메뉴 카테고리가 회사 팀의 직무에 맞게 구성되었다는 사실을 알고 있지만 사용자들은 알지 못한다. 또 당신은 회사의 서비스 비용이 라이선스 비용 때문에 높다는 사실을 알고 있지만 사용자들은 알지 못한다.

사용자들이 알지 못한다는 건 사실 그들은 관심이 없다는 뜻이다. 그리고 간혹 사용자가 안다고 하더라도 그들은 신경 쓰지 않는다! 라이선스 비용? 그건 당신이 신경 쓸 일이다. 사람들은 공짜 불법 복제본을 구할 수도 있다.

(여기서 잠깐 질문!)

○ 텍스트를 읽지 않더라도 이해할 수 있도록 디자인했는가?

○ 사용자가 두세 번 클릭하는 것만으로도 원하는 것을 얻을 수 있도록 디자인했는가?

- 기능의 우수성을 따질 때 작업을 완성하는 데 걸린 시간으로 판단하는가, 아니면 사용자에게 유용한 정도로 판단하는가?

- 사용자들이 그저 눈에 딱 보이기 때문에 버튼을 클릭한다고 생각하는가? (아니, 그들은 그렇지 않다.)

사용자 관점의 3가지 'What'

드디어 사용자의 마음에 관해 이야기할 시간이다. 기초부터 탄탄히 배워나가는 건 언제나 좋은 방법이다.

좋은 디자인은 늘 다음 3가지를 전달한다.

1. 이게 무엇일까^{What}?
2. 사용자에게 어떤^{What} 이득이 있을까?
3. 사용자는 다음 단계로 무엇을^{What} 해야 할까?

"이게 뭐지?"

"이게 뭐지?"라는 질문에 답하는 손쉬운 방법은 그에 관한 표제나 이미지를 보여주는 것이다. 꽤 간단해 보인다. 그러나 얼마나 많은 웹 사이트가 이를 간과하는지 알게 되면 깜짝 놀랄 것이다. 디자이너들은 이미 모든 것을 알고 있지만 사용자들은 그렇지 않다. 그 웹 사이트는 무엇에 관한 거지? 신문 기사인가? 레몬을 좋아하는 사람들의 파티인가? 염소들을 볼 수 있는 곳인가? 그도 아니면 당신이 기르는 반려 쥐의 비밀 유튜브 채널인가?

그러니 분명하면서도 단순한 언어를 사용해 말해줘야 한다. 파티장에서 사전을 꺼내는 등의 행동은 그 누구도 좋아하지 않는다. 레몬 파티라면 더더욱.

"나와 관련된 내용이 뭐지?"

이제 사용자 경험의 '왜'에 해당하는 부분을 소개하겠다. 사용자는 무엇을 얻을 수 있는가? 사용자에게 그들이 무엇을 얻게 될 것인지 구구절절 설명하는 것보다는 직접 보여주는 편이 좋다. 비디오나 데모, 이미지, 무료 체험판, 샘플 콘텐츠, 추천평 같은 것들 말이다. 사실 "이게 뭐지?"라는 질문에 답할 때 사용자가 어떤 이득을 얻을 수 있는지도 간략하게 말해주는 것이 효과적이다. 예를 들면 다음과 같이 말할 수도 있다.

"과대망상증 환자들의 글로벌 네트워크는 웃긴 고양이 사진 공유와 세계 정복을 위해 협력하고 있습니다."

이는 웹 사이트가 무엇에 관한 것인지 설명하는 동시에 무엇을 얻을 수 있는지 말해주고 있다(당신이 고양이를 사랑하는 과대망상증 환자라는 전제하에).

당신은 사용자가 관심 있어 할 만한 내용을 이야기해야 한다. 사용자가 등록/구매/클릭하는 것을 당신이 왜 원하는지가 아니라.

사용자 동기$^{User\ motivation}$는 회사의 관점에서 봤을 때 심미성이나 사용성보다 훨씬 중요하다. 그런데 당신은 일할 때 사용자 동기에 관해 얼마나 자주 이야기하는가?

"이제 뭘 해야 하지?"

사용자가 대상이 무엇인지 이해했고 기꺼이 더 알아보고 싶어졌다면 그다음에 어떤 행동을 취할지 명확히 알 수 있어야 한다. 작게는 "이제 뭘 클릭하면 되지?", "어떻게 가입하는 거지?"라고 물을 수도 있고, 크게는 "어떻게 시작하지?", "더 배우려면 뭘 해야 하지?"라고 물을 수도 있다.

어쨌든 항상 '다음' 단계가 있다. 가끔은 선택지가 여러 개 있을 수도 있다. 사용자가 무엇이 필요한지 이해하고, 그것을 어떻게 얻을 수 있는지 알려주는 건 당신 몫이다.

솔루션 vs 아이디어

UX 디자이너들은 늘 창의적이어야 한다. 그러나 여기에서 정의하는 창의성이란 다른 분야 디자이너들과 비교하면 좀 덜 예술적이고 좀 더 분석적이다. 문제에 대한 해결책을 제시하는 게 아니라면 UX를 한다고 말할 수 없다.

모든 디자이너는 아이디어를 낸다

좋은 아이디어는 당연히 좋다! 아이디어는 각양각색의 모습으로 찾아오는데, 얼른 시도해보고 싶은 것일 수도 있고, 자신에게 개인적인 의미가 있는 것일 수도 있다. 그리고 어떤 아이디어는 그 자체로 문제를 해결하는 솔루션이 되기도 한다. 그게 바로 UX가 하는 일이다.

사용자에게 의미 있는 아이디어를 내라

UX 디자이너는 다른 분야 디자이너와 달리 자신에게 의미 있는 아이디어에 몰두해서는 안 된다. 창의적인 아이디어를 내는 것도 중요하지만 사용자에게 의미 있는 게 아니라면 더는 중요하지 않다.

이는 자신에게 중요하지 않은 문제를 살피는 데 많은 시간을 쏟아야 한다는 뜻이다. 처음에는 어색할 수도 있지만 그것이야말로 UX를 매우 특별하고 가치 있는 일로 만들어준다. UX는 확실히 까다로운 구석이 있다.

모든 사람에게 통하는 건 아니다

UX 세계에서는 여러 가지를 테스트해볼 수 있다. 어떤 문제에 대해 2가지 이상의 솔루션을 디자인할 수 있으며, 어떤 게 더 나은지 알아볼 수도 있다. 심지어 사용자에게 어떤 솔루션을 더 선호하는지 물어볼 수도 있다. 다시 말해 UX란, 특별한 유형의 디자인이다. 틀릴 수도 있고 그것이 틀렸다는 걸 증명할 수도 있다.

게다가 어떤 웹 사이트에서는 통했던 솔루션이 다른 웹 사이트에서는 통하지 않을 수도 있다! 트위터^{Twitter}에 잘 맞았다고 해서 특정 누군가에게 맞으리라는 보장은 없다.

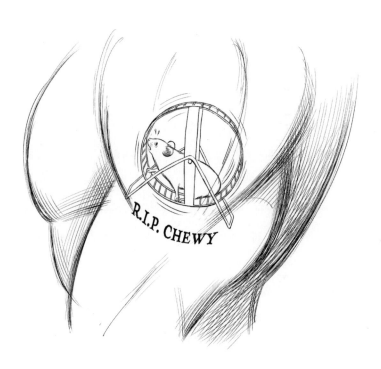

UX 임팩트 피라미드

UX는 버튼과 와이어프레임^{wireframe}, 그 이상의 의미를 지닌다. 눈에 보이는 것들은 빙산의 일각일 뿐이다. 가장 중요한 것은 완전히 가려져 보이지 않는다.

UX 디자이너라면 반드시 가치를 창출해내야 한다. UX 프로세스 내 어떤 특정 방면은 다른 방면보다 더 많은 가치를 창출한다. 그러니 시간을 현명하게 사용하라. 이 책을 통해 UX 피라미드의 전 영역에 관해 배우게 될 것이다. 지금은 우선 피라미드의 가장 하단에 있는, 넓은 부분에 해당하는 일들을 무시할 경우 제품 자체를 망가뜨릴 수 있다는 사실을 인지하고 있으면 된다. 그리고 그것들은 대개 눈에 잘 띄지 않는다. 반면 피라미드의 가장 상단에 있는, 좁은 부분에 해당하는 일들은 얼마나 긴 시간 동안 애를 썼든 상관없이 결과물에 별 가치를 더해주지 않는다. 그러나 그것들은 대개 눈에 잘 띈다.

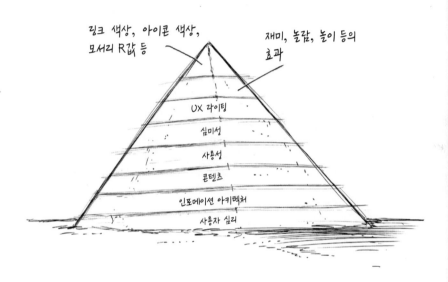

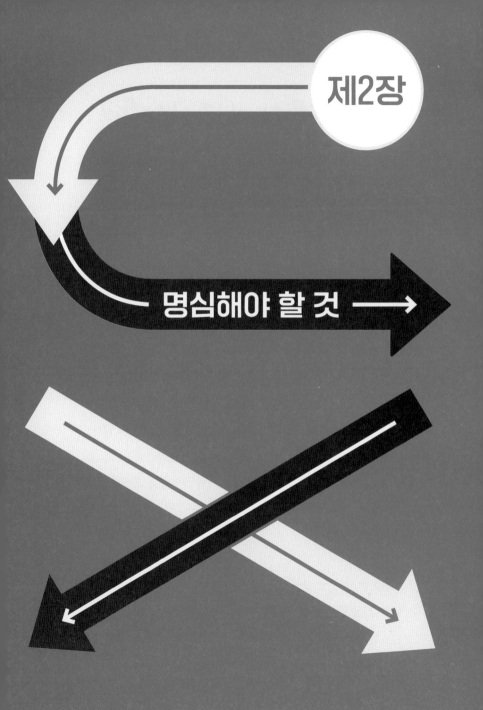

제2장

명심해야 할 것

사용자 목표와 비즈니스 목표

새로운 UX 프로젝트를 시작할 때, 그러니깐 뭐든 디자인하기에 앞서 자신의 목표가 무엇인지 명확히 해야 한다. 그 목표는 사용자 목표, 그리고 비즈니스 목표다. UX 디자이너로서 성공하는 데 이보다 중요한 것은 없다.

사용자 목표

사용자는 늘 무언가를 원한다. 그건 그들이 사람인 이상 자연스러운 일이다. 페이스북Facebook에 들어가 옛 애인의 사진을 염탐하든, 데이팅 어플리케이션에서 새로운 연애 상대를 물색하든, 유튜브에서 재채기하는 판다 사진을 찾든 사용자는 반드시 원하는 게 있다. 사용자는 뭔가 생산적인 일을 하고 싶을 수도 있다(그렇다고 들었다). 사용자 리서치에 관해서는 이후에 더 자세히 다루도록 하겠다.

비즈니스 목표

대부분의 조직이 웹 사이트나 애플리케이션을 만드는 것은 다 이유가 있다. 보통은 이익 창출이 이유이지만 브랜드 인지도 향상이나 커뮤니티의 새로운 멤버 확충 등이 이유일 때도 있다. 비즈니스 목표를 구체화하는 것은 매우 중요하다. 만약 목표하는 것이 더 많은 광고를 노출하는 것이라면 소셜미디어를 통해 제품을 판매하거나 홍보할 때와는 전혀 다른 UX 전략을 세워야 한다. 이는 비즈니스맨들 사이에서 '매트릭스^{metrics}', 또는 '핵심성과지표^{KPIs, Key} ^{Performance Indicators}'라고 불린다.

목표를 일치시켜라

UX 디자이너의 진짜 능력은 사용자가 원하는 것을 이루는 동시에 그 비즈니스 또한 이익을 얻을 수 있도록 그 둘의 목표를 일치시키는 데 있다(그 반대가 아니라).

유튜브의 경우 광고를 통해 수익을 창출하는 한편, 사용자의 목표는 좋은 영상을 찾는 것이다. 그러므로 영상 중간중간에 혹은 시청 화면의 한쪽에 광고가 나오도록 하는 것은 자연스러운 비즈니스 형태라 할 수 있다. 그러나 그것보다 유튜브가 더 큰 수익을 올릴 수 있도록 도와주는 방법은 원하는 영상과 그와 관련된 영상들을 쉽게 찾을 수 있도록 디자인해 결국 사용자들이 더 많은 영상을 시청하게 만드는 것이다.

만약 이 둘의 목표가 어긋난다면 둘 중 한 가지 문제를 겪게 될 것이다. 하나는 비즈니스는 성장하지 못하는데 사용자는 원하는 걸

얻는 것이고(사용자는 많은데 회사가 얻는 건 없다), 다른 하나는 사용자가 원하는 걸 찾지 못하는 것이다(사용자가 없고 따라서 회사도 어렵다).

만약 유튜브에서 영상을 볼 때 30초마다 20분짜리 광고를 봐야 한다면 회사는 아마 소리 소문도 없이 사라질 것이다. 그런 불편함을 참는 사람은 없다. 그러나 광고가 몇 초에 불과하다면? 그 광고를 참고 견디면 귀엽고 사랑스러운 판다가 재채기하는 모습을 볼 수 있다면? 대부분의 사람은 기꺼이 불편함을 감수할 것이다.

UX는 프로세스다

모든 회사는, 모든 팀은, 모든 디자이너는 제각각 다르다. 그러니 그들이 일하는 방식에 관해 질문하는 건 그만한 가치가 있다.

많은 사람이 디자인에 관해 이야기할 때 '프로세스'라는 단어를 자주 사용한다. 나 역시 마찬가지다.

"UX는 프로세스 초기 단계부터 고려되어야 해요."

"프로세스가 과학적으로 설계되었다면 좋지 않은 아이디어는 죽게 되어 있어요."

"지금은 상사의 머리를 아놀드 슈왈제네거 몸에 붙이는 포토샵 프로세스 단계예요."

그러니 UX를 프로세스로서 이해할 필요가 있다.

UX는 일회성 이벤트나 단기 태스크[task]가 아니다

만일 누군가가 UX를 일회성 업무나 잠깐 때우는 일, 또는 아무나 잠시 맡는 태스크처럼 이야기한다면 언제든 끼어들어 똑바로 알려

쥐야 한다. 그 말은 분명 잘못되었다!

UX 디자이너는 'UX 부분만 담당하는 사람'이 아니다. UX가 프로세스 전반에 고려되지 않는다면 필연적으로 나쁜 UX가 될 수밖에 없다. 웹 사이트나 애플리케이션을 만드는 과정에서 UX가 관련되지 않은 곳은 어디도 없다. 아무리 형편없는 제품이라도 사용자에게 경험을 제공한다. 살기를 띤 분노를 자아내는 경험이라서 그렇지. 그러니 좋은 사용자 경험을 디자인하고 프로세스 내내 자신이 의도한 바를 지켜내기 위해서는 끊임없이 관여해야 한다.

프로세스는 어디에나 존재한다

UX 디자이너로서 참여해야 하는 프로세스는 필요한 정보를 수집하고, 사용자 정보를 리서치하고, 솔루션을 디자인하고, 그것이 잘 실행되는지 확인하고, 결과를 측정하는 것까지다.

대부분의 회사는 전체 프로젝트를 주관하는 프로세스를 갖추고 있다. UX 디자이너도 컴퓨터 프로그래머, 프로젝트 매니저, 다른 디자이너, 전략팀, 지원팀, 하급 관리자, 중간 관리자, 상급 관리자, 관리자의 관리자 등과 함께 전체 프로세스에 포함되어 있다.

새로운 프로젝트를 시작할 때 혹은 새로운 회사에서 일을 맡았을 때 제품 생산 '시스템' 안에서 회사가 당신이 어떤 역할을 해주길 바라는지 이해하고, 그들의 일하는 방식을 늘 존중해야 한다.

질문하고 또 질문하라

개개인의 프로세스와 회사의 프로세스는 언제나 더 나아질 여지가 있다는 공통점이 있다. 어떤 분야는 개선이 그저 말처럼 쉬울 수도 있지만, UX는 대부분의 비즈니스에서 새로운 영역이다 보니 회사에서 요구하는 것뿐 아니라 스스로 UX가 어디서 더 빛을 발할 수 있을지 생각해볼 필요가 있다.

만약 당신이 그 회사에서 UX 업무를 맡는 첫 직원이라면 동료, 매니저와 자주 논의해야 한다. 제품 프로세스 초기 단계부터 UX가 적용되어야 더 나은 결과를 낼 수 있기 때문이다. 만약 훌륭한 동료 UX 디자이너들과 함께 일하고 있다면 그때도 마찬가지로 그들과 자주 논의해야 한다. 그리고 자신이 가장 잘 기여할 수 있는 부분을 찾아야 한다.

만약 이 과정이 고통스럽게 느껴진다면, 예를 들어 계속 악랄한 '스프린트sprint(일주일 안에 아이디어 기획부터 프로토타입 제작, 고객 테스트까지 완료하는 업무 수행법—옮긴이)'를 해야 한다면, 누군가에게 어려움을 털어놓아야 한다. 분명 더 나은 방법이 있을 것이다.

또 만약 회사 프로세스 때문에 작업의 질이 떨어진다면 그건 UX에 맞지 않는 프로세스일지도 모른다.

(주의: 만일 프로세스를 수정했는데도 계속 결과물이 별로라면 프로세스 문제가 아닐 수도 있다.)

필수 요건 수집하기

UX에서는 해서는 안 되는 일과 반드시 해야만 하는 일을 명확히 인지할수록 디자인 완성도가 높아진다.

다른 많은 유형의 디자인에서는 영감이 될 만한 것들을 찾고 다양한 아이디어를 내는 것이 프로세스 중 일부다. 무드 보드^{Mood board}(디자이너의 느낌과 영감을 하나의 스토리로 시각화한 것), 사진 촬영 등 예술적 활기를 불어넣어주는 것들은 생각을 자유롭게 하고, 좋은 기회를 탐색하게 한다.

그러나 문제 해결을 목표로 하는 디자인은 그런 방식으로 돌아가지 않는다. UX 디자이너로서 낼 수 있는 기발하고 창의적인 아이디어는 문제를 연구하고 발견해낸 각종 제한과 규제들에서 생겨난다고 할 수 있다. 그런 제한들이 당신의 동료나 이전 작업에서 도출된 경우 그것을 '필수 요건'이라 부른다.

필수 요건을 파악해 실수를 방지하라

실제 UX 작업을 하고 나면 디자인은 회사 내 영업팀, 개발팀, 경영진 등 다른 이들에게 영향을 미친다. 그러므로 디자인에 직접 영향을 받는 각 부서 '이해당사자들(주요 결정권자들)'과 지속적으로 의견을 나누는 것이 중요하다.

해결 가능한 문제, 변경 불가능한 조건, 고려해야 할 각종 기술적 문제를 구분해 수집하라. 영업팀은 회사가 팔아야 하는 상품을 꿰고 있다. 프로그래머들은 수정이 어려운 코드를 알고 있다. 경영진은 우리가 인지하고 있어야 할 장기 목표를 가지고 있다. 이해당사자들과 의견을 교환하면 시간과 예산을 낭비할 만한 실수를 미연에 방지할 수 있다.

당신은 이제 UX 디자이너다. 다른 사람들의 니즈^{needs}가 곧 당신의 니즈다.

필수 요건과 희망 사항을 구분하라

앞서 언급한 '필수 요건'과 '희망 사항'을 혼동하지 않도록 주의해야 한다. 누군가가 무언가 필요하다고 이야기하면 이유를 확인하라. 만약 그 이유가 개인의 의견이거나 단순한 기대 같은 것이라면 정말 필요한 사항인지 좀 더 질문해봐야 한다.

간혹 회사는 아이디어가 별로인 경우에도 그것에서 벗어나지 못할 때가 있다. 그건 현재 상태가 최선이라고 생각하기 때문인데, 그렇지 않을 수도 있다. 그저 가끔은 아무도 반대하지 않아 불필요한 기능이 너무 많이 들어가기도 한다.

의견 통합하기

UX 디자이너는 다른 사람에게 자신의 디자인이 옳다는 확신을 주어야 한다. 그러기 위해서는 자신의 의견을 뒷받침할 수 있는 근거를 마련해두어야 한다.

다른 사람들과 논의할 때는 자신의 의견을 개진할 수 있어야 한다. 어떤 사람들은 당신의 디자인에 반대할 수도 있는데, 그때 납득할 만한 근거를 대지 못한다면 신뢰를 잃을 수도 있다.

UX 디자이너로서 디자인 작업에 들어가기 전에 자신의 아이디어를 설득시킬 수 있는 충분한 근거를 마련해두어야 한다. 언제 자신이 옳다는 것을 증명해야 할지 모르기 때문이다.

명확한 근거를 바탕으로 이해시켜라

좋은 리서치와 좋은 이론, 좋은 데이터는 설득력이 있다. 그것들을 이용해 이해당사자들 사이에서 합의를 끌어낼 수 있어야 한다. 그러기 위해서는 좋은 리서치를 수행하고, 사용자와 그들이 지닌 문제와 목표를 명확히 이해하며, 이해당사자들에게 중요한 아이디어

를 제대로 설명할 수 있어야 한다. 그리고 어떤 문제가 지극히 주관적일 때는 언제나 가장 먼저 실험을 제안하는 역할을 맡아야 한다.

절대 거짓말을 하지 마라

만약 어떤 문제에 대한 답을 모르겠다면 솔직히 말하라. UX에서는 허튼소리가 통하지 않는다. 상황을 모면하고자 한 말이 거짓임이 밝혀지면 사람들은 비난의 눈빛을 쏘아댈 것이다. 모든 의견은 똑같이 중요하지만, 자신의 정보가 다른 사람의 정보보다 더 중요한 것이 되도록 만들어야 한다.

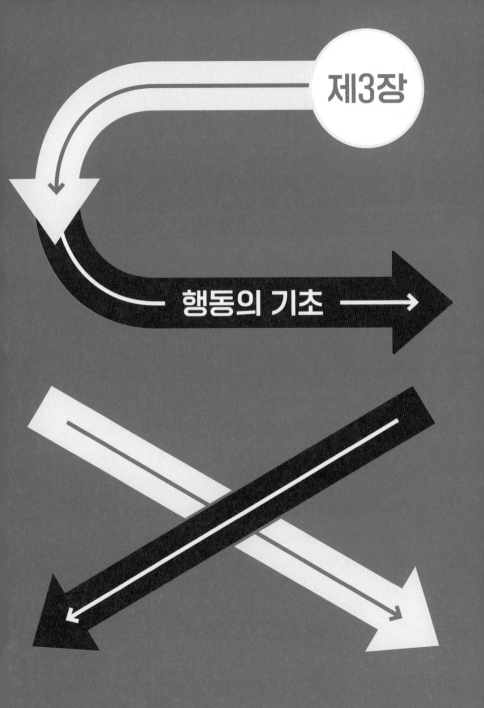

제3장

행동의 기초 →

심리 vs 문화

인간의 행동 중 일부는 예측 가능하고, 일부는 그렇지 않다. 이 레슨에서는 스스로가 통제 가능한 부분과 통제 불가능한 부분을 구분할 수 있게 도와줄 2가지 모델을 소개하고자 한다.

심리

인간은 모두 뇌를 가지고 태어난다. 약간의 차이가 있을 뿐 대체로 같은 뇌라 할 수 있다. 모두 행복과 슬픔을 느낄 수 있고, 모두 존중 받기를 원하며, 전날 마신 술 때문에 괴로워한다. 예를 들면, 핀터레스트Pinterest는 우리가 좋아하는 것을 죄다 모아두고 싶어 하는 심리학 원칙을 바탕으로 만들어졌다. 이는 모든 사람에게 적용된다.

이러한 관점에서 볼 때 심리라는 것은 모든 사람에게 똑같이 나타난다. 이 책에서 배우게 될 대부분의 내용은 인간 심리에 관한 것이다. 심리는 인간의 특성이고, 예측 가능하며, 디자인하는 데 활용할 수 있다. 그러나 이에 나타나는 차이점 또한 유용하다.

문화

세상에 태어난 후에는 각자의 뇌가 저마다의 여행을 한다. 당신은 에베레스트산을 등반한 기독교 신자일 수도 있고, 동양인 과학자일 수도 있으며, 온종일 몬스터 트럭 비디오만 쳐다보는 서양인 미학 예술가일 수도 있다.

다음의 예를 보자. 모든 사람은 정의가 필요하다고 생각한다. 하지만 어떤 사람은 사형 제도를 찬성하고, 또 어떤 사람은 반대한다. 핀터레스트를 계속 예로 들어보면, '수집하기'는 보편적인 행동이지만 우리가 수집하는 것들은 대단히 사적이다. 핀터레스트는 그것이 인터페이스든, 건축이든, 털이 폭신폭신한 닭이든 사용자가 관

심 있어 할 만한 주제를 찾기 위해 매우 큰 노력을 들인다.

이런 관점에서 보면 문화라는 것은 개개인마다 다르다. 비슷한 경험과 성향을 지닌 사람들은 비슷한 문화를 가지고 있겠지만 개인적 차원으로 내려가면 문화란 무엇이든 될 수 있다.

실제적 차이

심리적 요소('좋아하는 것 수집하기' 같은 것)는 '최적화' 기능을 추구할수록 더욱 강화된다. 그리하여 나오는 '완벽한' 기능은 보편적인 특성을 가지지만 전체에 미치는 파급력은 대단히 크다.

문화적 요소('관심 있는 주제' 같은 것)는 사용자가 더욱더 개별적이고 세부적인 것을 원할수록 점점 확장된다. 그러므로 최적화될 수 없고 개개인의 요구에 맞출 수 있게 될 뿐이다. 사람들은 더 상세한 것을 원한다. 털이 폭신폭신한 닭 컬렉션은 끝도 없을 것이다! 아주 폭신폭신한 닭, 적당히 폭신폭신한 닭, 덜 폭신폭신한 닭, 노랗고 폭신폭신한 닭…….

이 책에서 행동 모델을 수립하는 동안 이들의 차이를 기억하라.

사용자 심리

누군가가 당신의 디자인을 사용 중이라면 그들의 머릿속에 떠오르는 모든 생각은 중요하다. 사용 전에 생각한 몇 가지도, 사용 후에 생각한 몇 가지도 모두!

잠깐! 잠시 생각을 멈추고 일반적인 심리학에 관해 이야기해보자. 당신이 이야기하는 것이 연애 심리든, 소비자 심리든, 화장실 심리든(대학원에서는 인기 없는 주제다) 우리가 모두 지니고 태어난 동일한 두뇌에 대해 말하는 것이리라. 여기서 특별한 '사용자'란 없다.

UX 디자인은 예측 가능한 수많은 방식으로 두뇌에 영향을 미친다. 디자인과 관련 있는 당신의 두뇌 말이다. 이 내용을 배우고 나면 필요할 때마다 유용하게 활용할 수 있을 것이다. 아주 중요한 일이 아닌 이상 역사와 관련된 내용은 없다. 철학은 내 전문 분야가 아니니 다루지 않을 것이다. 또 코카인이 '최고의 치료법'으로 여겨지던 때도 지났으니 지그문트 프로이트^{Sigmund Freud} 방식 같은 것도 없을 것이다. 그저 우리가 활용할 수 있는 것들에 관한 것이다.

사용자 심리가 필요한 이유

사용자 심리가 필요한 이유는 무엇일까? 심리를 모르고서는 훌륭한 UX 디자이너가 될 수 없기 때문이다.

UX 디자인이란 문제를 해결하기 위해 만든 나름 규칙적인 효과다. 다시 말하면 당신이 사람들로 하여금 느끼고, 생각하고, 행동하게 하는 것이다. 그러므로 사용자의 감정과 생각, 행동을 잘 이해할수록 더 좋은 디자이너가 될 수 있다.

심리를 이해하면 사람들은 왜 공유를 하는지, 왜 항상 제일 싼 것만을 택하지 않는지, 디자이너 소셜 플랫폼 드리블Dribbble에서 200개의 '좋아요'를 받은 디자인이 왜 좀 더 큰 곳으로 나오면 인기가 없는지 등의 질문에 답할 수 있게 된다.

그 답은 당신이 생각했던 게 아닐 수도 있다! 직관은 늘 당신을 속이기 때문이다(이에 대해서는 레슨 33 '인지 편향이란'에서 배우게 될 것이다). 또 같은 디자인이라 하더라도 사람들에게는 모두 다르게 보일 수도 있다. 이에 대해서도 나중에 배우게 될 것이다. 그리고 대단히 사적으로 보이는 행동이 실제로는 보편적인 인간 행동인 경우도 있다. 물론 이에 대해서도 나중에 배우게 될 것이다.

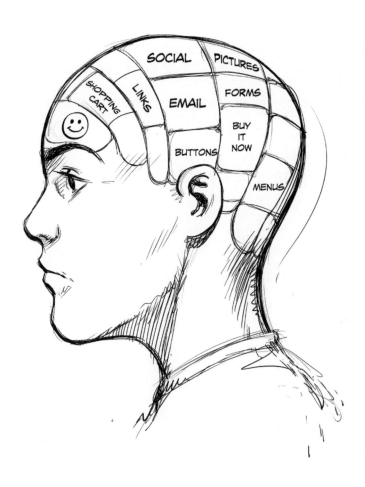

경험이란 무엇인가

철학적 '경험'에 관해 나눌 수 있는 이야기는 수없이 많겠지만 나는 철학 전문가가 아니니 그런 이야기는 하지 않겠다. UX에서는 실용적인 해답이 필요하다.

이 책에서 이야기할 경험의 유형은 크게 6가지다.

1. 사용자가 느끼는 것

UX 포럼에 가면 경험 없는 디자이너들이 가장 많이 이야기하는 주제가 있다. 사용자 '행복'하게 만들기, 사용자가 무엇을 '좋아하는지' 질문하기, 사용자가 "와!" 하고 감탄하게 하기 등이 바로 그것이다. 사용자에게 감정이 있고 그것이 유용한 것도 사실이지만 그것은 경험 중 매우 작은 일부일 뿐이다. 감정에 관해 좋은 점이 있다면 사용자의 표정을 통해 감정을 읽을 수 있고, 사용자가 감정을 말할 수 있으며, 감정을 측정할 수 있고, 공감할 수 있어 조사하기가 쉽다는 것이다.

2. 사용자가 원하는 것

이는 더 중요한 경험이지만 사용자가 묘사해내기가 쉽지 않다. 사용자의 동기는 행동을 유발하는 엔진과 같다. 그들이 행동하고 클릭하고 선택하고 구매하고 심지어 보고 듣는 것조차 모두 그들이 무엇을 원하느냐에 달려 있다. 당신이 망치라면 모든 것이 못으로 보일 것이다. 그러므로 사용자가 상황을 바라보는 관점을 바꿀 수 있다면 때때로 그들은 다른 것을 원할 수도 있다.

3. 사용자가 생각하는 것

'생각'이라는 개념은 벽돌 같은 것으로 생각하면 편하다. 심리학자들은 이를 '인지 부하$^{cognitive\ load}$'라 한다. 사용자에게 무엇을 이해하게 하거나, 설명서를 읽게 하거나, 새로운 기능을 배우게 하거나, 링크를 따라가게 하거나, 아니면 2가지 일을 동시에 하게 할 때마다 사용자에게 벽돌을 준다고 생각해보자. 보통 사람은 한 번에 서너 개의 벽돌만 들 수 있다. 만약 사용자에게 너무 많은 벽돌을 지게 한다면 전부 놓아버릴지도 모른다.

4. 사용자가 믿는 것

믿음이란 교묘한 구석이 있다. 그래도 사람들이 무언가를 믿는 이유는 예상하기 쉽다. 이 레슨을 배우기 전에 '심리 vs 문화'에 관해 배운 이유도 그 때문이다. 더 중요한 사실은 사람의 직관은 명백한 결함을 가졌음에도 대부분의 사람은 이를 알지 못한다는 점이다. 만약 직관에 대해 이해하게 되면(이제 곧 알게 될 것이다) 사람들이 실제 무언가를 믿기도 전에 그들이 무엇을 믿을지 먼저 예상할 수 있게 될 것이다.

5. 사용자가 기억하는 것

모순적이게도 많은 디자이너가 인간은 모든 것을 기억하지 못한다는 사실을 잊곤 한다. 기억은 오류투성이다. 우리는 특정한 것들만 기억하며, 시간이 지나면 그 기억이 변하고, 때로는 한 번도 일어나지 않은 일조차 있었던 일로 기억한다! 디자인은 사람들에게 어떤 부분을 기억하게 하고, 어떤 부분을 잊게 할지 결정할 수 있다.

6. 사용자가 깨닫지 못하는 것

그렇다. 이것이야말로 와이어프레임만 만드는 아무나와 뛰어난 UX 디자이너를 확연히 구분해준다. 일상적인 경험은 대부분 우리의 관심을 끌지 못한다. 당신은 항상 숨을 쉬고 있지만 지금 이 글을 읽고 나서야 인지했을 것이다. 또 주변에 낮게 지속되는 소음이 있었지만 지금까지는 들리지 않았을 것이다. 그리고 지금 막 가려운 것 같은…… 세상에…… 엄청 가려울 거다.

UX 디자이너는 인포메이션 아키텍처(6장 전체에 걸쳐 소개할 것이다)나 휴리스틱^{heuristics}(사용자 행동 모델)처럼 사용자들이 절대 알아차리지 못하고, 그래서 피드백을 줄 수도 없으며, 아마도 절대 기억하지 못하는 것들 또한 디자인해야 한다. 하지만 그건 일을 잘했다는 뜻이다! 그러나 불행히도 고객이 이를 두고 미팅에서 디자이너를 칭찬하는 일은 없을 것이다(그들도 알 수 없으니). 이러한 디자인 요소들은 사용자의 행동에 영향을 마치며, 데이터만이 방법을 알려줄 수 있다.

의식적 경험 vs 무의식적 경험

많은 사람이 자신을 둘러싼 세상의 일부에만 관심을 두고 살아간다. 그렇지 않으면 너무 많은 것에 압도될 것이다. 이 레슨은 기초적인 아이디어지만 커다란 변화를 가져올 것이다.

의식적 경험

UXer들이 '기쁨' 효과를 자주 언급한다는 사실을 알고 있는가? 기본적으로 이 효과는 사용자가 "와!" 하고 놀랄 만한 것을 디자인하는 기술이다. 기쁨을 만들어내는 데 있어 한 가지 분명한 점은 사용자가 명확히 그것을 인지할 수 있어야 한다는 것이다. 노벨상 수상자인 심리학자 대니얼 카너먼^{Daniel Kahneman}은 이렇게 말했다.

"우리의 의식은 자신을 주연 배우로 착각하는 조연 배우와 같다."

의식적 경험이 경험의 전부라고 생각할 수도 있지만, 사실 그건 일부에 불과하다. 그러나 여전히 중요한 영역이다. 사람들이 공유하고, '좋아요'를 누르고, 댓글을 달고, 다운로드를 받고, 가입을 하도록 만들기 때문이다. 유튜브는 간혹 영상 끝에 구독해달라고 분명히 말하기도 한다. 그렇지 않으면 사용자가 의식적으로 그런 생각을 하지 못할 수도 있기 때문이다.

무의식적 경험

무의식적 경험은 '그냥 일어나는 일'처럼 보이는 것들이다. 그건 우리가 무엇을 신뢰하는지, 무엇을 믿는지, 무엇을 쉽게 느끼는지 결정하는 방식이다. 그러나 웹 사이트나 애플리케이션을 신뢰하기로 '결정'하는 순간 같은 건 없다. 그건 그냥 일어나는 일이다. 사용자가 당신의 폼 디자인form design이 쉽다고 생각했다면 그건 어려울 것이라고 예상했기 때문이다. 그렇지 않다면 사용자는 디자인에 관해 언급조차 하지 않았을 것이다. 이런 일은 쉬워야 한다.

이것이 바로 무의식적 디자인이다. 사용자가 신뢰하고 이해하기를 원한다면 디자인이 신뢰감을 주거나 명료하게 느껴지도록 만들어야 한다. 만약 그런 디자인이 아니라면, 원하는 만큼 기쁨 효과는 가득 얹어놓을 순 있어도 문제를 해결하지는 못할 것이다. 예를 들면, 사용성이란 정신적으로 디자인을 인지할 수 없도록 만드는 기술이다. 물론 당신은 실제로 디자인을 볼 수 있지만, 사용자가 폼 디자인을 인지할수록 경험은 나빠진다. 이런 것들은 자동으로 돌아

가는 것처럼 느껴져야 한다. 폼 디자인이나 UX 라이팅이 혼란스럽
게 느껴진다면 사람들은 양식을 채우지 않고 떠날 것이다.

감정에 관하여

이제 심리학의 핵심 영역 중 하나로 들어왔다. 감정은 우리의 동공을 크게, 또는 작게 만들기도 하고 눈물을 흘리게도 하며 미소를 짓게 하는 등 매우 많은 일을 한다.

감정에 관해서는 심리학자들 사이에서도 다양한 논쟁이 있다. 그 부분은 건너뛸 생각이다. 그렇지 않더라도 이 레슨은 다른 레슨보다 조금 긴데, 그건 감정이 UX 디자인에서 무척 중요한 역할을 하기 때문이다. 대신 인류에 알려진 것 중 가장 단순한 감정 모델을 소개하겠다.

- 감정에는 이득과 손실, 2가지 카테고리가 있다.
- 감정은 목표가 아니라 반응이다.
- 시간은 감정을 더 복잡하게 한다.

이득과 손실

감정은 2가지 측면으로 발생한다. 좋은 것과 나쁜 것. 긍정적인 것
과 부정적인 것. 행복한 것과 불행한 것. 지금까지는 꽤 쉽다. 나는
이들을 이득과 손실로 구분 지어 부르도록 하겠다.

이득은 긍정적인 기분을 느끼게 한다. 밤새 잠을 잘 자면 몸이 가
뿐해지고, 복권에 당첨되면 황홀감을 느끼며, 마사지사가 평소보다
조금 더 세심하게 신경 써줘도 행복감에 도취될 것이다. 지금부터
는 이런 감정을 모두 '행복' 카테고리로 분류하자.

반면 손실은 부정적인 기분을 느끼게 한다. 잠을 제대로 자지 못하
면 성질이 나빠지고, 이별 후에는 충격에 휩싸이게 되며, 마사지사
가 당신의 사촌이었다는 사실을 알게 되면 당황하게 될 것이다. 지
금부터는 이런 감정을 모두 '불행' 카테고리로 분류하자.

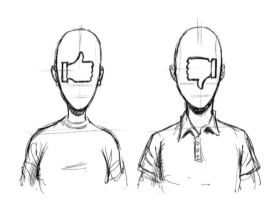

감정은 목표가 아닌 반응이다

만일 내가 당신을 빛도 들지 않는 상자에 가두고 평생 행복을 느낄 수 있는 약물을 투여한다면, 그러고는 그 상자를 우주로 쏘아 보내 그 누구와도 교류할 수 없게 한다면, 과연 좋은 일이라고 생각할 것인가?

아마 그렇지 않을 것이다. 이처럼 사용자들을 그저 '행복'하게만 할 거라면 그들을 그 상자에 넣는 것과 다를 바 없다. 5분만 지나도 그리 좋지 않을 것이다.

느낌에는 2가지 종류가 있다. 바로 동기와 감정! 동기는 우리가 원하는 것이고(목표), 감정은 원하는 것을 얻거나 잃을 때 느끼는 것이다(피드백). 동기에 관해서는 차차 배우게 될 것이다.

UX 디자이너로서

사용자가 자기가 얻은 이익과 손실에 대해 유용한 감정을 느낄 수 있도록 점수나 배지, 단계, '좋아요', 팔로워 등 어떤 방식의 피드백이든 줄 수 있다. 아니면 버즈피드 Buzzfeed처럼 그저 벤앤제리 아이스크림의 여러 맛 중 당신이 어떤 맛에 가까운 사람인지 보여주고는 그걸로 끝낼 수도 있다(버즈피드에서는 사용자가 무엇을 좋아하고 어떤 웹 사이트를 즐겨 보는지 예측하는 성향 테스트를 제공한 적이 있다―옮긴이).

시간은 감정을 더 복잡하게 만든다

감정은 시시각각 변한다. 합당한 범위 내에서라면 자연스러운 일이다. 혹시 지나치다면 리얼리티 TV 프로그램에 나가봐야 할지도 모른다. 그러나 모든 일이 지금 당장 중요한 것은 아니다. 시간을 두고 생각할 수 있다. 과거를 떠올리고 미래를 예상해볼 수 있다.

알록달록한 포장지로 잘 포장된 상자를 본다면 이렇게 생각할 것이다.

'선물이군!'

그러나 누군가가 "우리 이야기 좀 해요"라고 말한다면 이렇게 생각할 것이다.

'제길!'

사실 상자에는 뱀이 가득 들어 있을지도 모르지만, 그 사실을 발견하기 전까지는 행복할 것이다. 반면 상자에 '사나운 뱀!'이라고 적혀 있다면 두려운 마음이 들 것이다. 아니면 적어도 '걱정'하거나 '신경'이 쓰일 것이다. 어쨌든 이러한 것들은 부정적인 감정이다. 누구든 그 상황에서 벗어나려고 할 것이다. 빌어먹을 비행기 안에 있는 게 아니라면!

내가 생각하기에 더 흥미로운 감정은 분노다. 만일 무언가를 원하거나 기대하는데 그것을 얻지 못하게 된다면 이를 방해하는 것이 무엇이든 공격성이 드러나게 될 것이다. 감정이 시간과 반응하면 이렇게 된다. 누군가가 "우리 이야기 좀 해요"라고 말한다면 처음에는 두려움이 생길 것이다. 자신이 지키고 싶은 직업이나 관계 같은 것을 상대방이 망치려고 생각할 수도 있기 때문이다. 만약 상대방이 실제로 그것을 망치려고 실행에 옮긴다면 크게 화를 낼 것이다. 원하는 것을 가지지 못하도록 상대가 막아섰기 때문이다. 상대가 성공하면 슬퍼질 것이고(손실), 상대가 마음을 바꾼다면 기뻐질 것이다(이득).

UX 디자이너로서

단순한 행복 이상의 것에 관해 생각해보라. 사용자가 당신의 디자인을 경험하는 동안 편안하게 사용할 수 있도록 필요한 정보와 신호를 제때 제공하고 그들의 감정을 잘 관리해야 한다. 웹 사이트가 안전하다는 아이콘을 보여주거나, 사용자가 결제하기 전에 다음 페이지에서 주문 내역을 확인할 수 있다는 문구를 넣어주는 것도 좋은 방법이다.

동기란 무엇인가

이번 레슨은 UX에서 가장 간과되기 쉽지만 가장 강력한 심리 요소, 즉 '사용자가 원하는 것'에 관한 내용이다.

지난 레슨에서 누군가가 목표한 바를 얻거나 이루지 못할 때 나타나는 반응이 감정이라는 사실을 설명했다. 그런데 어떤 목표를 말하는 것일까? 그건 바로 동기다. 동기란 마음에 내재된 심리적인 욕구다. 우리가 바라는 것들 말이다.

어떤 동기는 먹고살기 위해 꼭 필요한 물질적인 것이지만 어떤 동기는 오직 우리 마음속에만 존재하기도 한다. 그 둘은 모두 중요하다. 동기는 의식적 경험과 무의식적 경험 사이 어디에도 존재할 수 있다. 우리는 이 각각의 동기를 얻을 수도 있고 잃을 수도 있다. 조건 형성conditioning에 관해 배우고 나면 이 동기들을 UX에서 매우 유용하게 사용할 수 있다.

동기는 상대적인 개념이다. 즉 얼마나 얻게 되는지, 그 절대적인 양이 중요한 게 아니라 기존에 갖고 있던 것이나 다른 사람들이 가진 것과 비교해 얼마나 더 가질 수 있는지가 중요하다는 뜻이다.

나는 이전 저서 《종합적 설득The Composite Persuasion》에서 지구상의 모든 사람이 원하는 것을 14가지로 분류했다. 그중 적어도 6가지는 (디지털) UX에서 유용하게 활용될 수 있을 것이고, 3가지는 페이스북이나 트위터와 같은 소셜 네트워크 및 게임화Gamification의 토대가 된다. 이들을 적절히 이용하는 법을 터득하면 인간의 동기는 병 안에 든 UX 마법 가루가 되어줄 것이다.

14가지 보편적 동기

그렇다면 14가지 동기는 무엇일까?

죽음 피하기

분명 죽는 건 별로다. 진화도 그걸 이해하고 있다. 누구나 오래 살고 싶고(이득) 높은 곳이나 불, 뱀처럼 생명에 위협이 되는 것들은(손실) 피하고 싶을 것이다. 간혹 자살하는 사람도 있지만 그러한 일은 살려는 의지보다 다른 동기가 더 강렬할 때만 일어난다.

고통 피하기

죽음과 비슷하지만 생명을 위협하는 정도까지는 아니다. 이건 다리가 부러졌을 때의 고통 같은 것이다. 평소 엄청나게 좋아한 아이돌 그룹이 해체했을 때나 느낄 수 있는 고통 말이다.

공기/물/음식

우리의 몸은 움직이는 데 연료가 필요하며, 연료가 부족하면 이를 해결하려고 하는 동기가 생긴다. 그 필요가 시급할수록 더 간절히 원하게 된다.

항상성

이는 신체 내부의 '균형 상태'를 뜻한다. 술을 잔뜩 마시면 다음 날 술을 깨기 위해 한 시간 늦게 일어나기도 했을 것이다. 그게 바로 항상성을 유지하려는 동기다. 그것과 동일한 동기가 저녁에 소변을 보게 하고, 다음 날 저녁에는 '회복'될 수 있도록 도움을 준다. 이 동기를 거부할 수 있다면 어디 한 번 거부해보라.

수면

최근 연구들은 인간의 두뇌가 수면 시간 동안 여러 정보를 정리하고 점검한다는 사실을 밝혀냈다. 그러므로 너무 오래 잠을 자지 않거나 지루한 방송 프로그램을 시청하면 우리의 몸과 정신은 휴식을 원한다.

섹스

사랑을 뜻하는 '로맨스'와 구별하기 위해 '유혹'이라고도 부르는 섹스는 의외로 직관과 반대된다는 점에서 흥미롭다. 이 주제는 다음 레슨에서 더욱 자세히 다루도록 하겠다.

사랑

사랑은 사람마다 다른 모습으로 나타난다. 그리고 이는 가족과 자녀, 애인과 관련해 다양한 감정을 불러일으킨다.

아이 보호

이 주제에 많은 시간을 쏟지는 않겠지만 이런 동기가 있다는 사실을 알아두는 것은 매우 유용하다. 많은 문제가 아이와 관련되면 기준이 달라지며, 좀 더 심각한 문제로 여겨진다. 당신은 범죄를 떠올릴 수도 있을 것이다. 그러나 광고의 경우, 그저 추가적인 규칙이나 제한만 있더라도 안전을 보장할 수 있다. 왜 이런 규제가 필요할까? 진화론적 관점에서 나중에 생식 능력을 갖추게 될 아이들은 이미 그 능력을 써버린 사람들에 비해 더욱 중요한 존재이기 때문이다. 우리는 아이들을 보호할 의무가 있다.

소속감

이는 집단에 속하게 되는 동기다. (이에 관해서는 레슨 18 '동기: 소속감'에서 배우게 될 것이다.)

지위

비유하자면 자신만의 버스를 몰게 되는 동기이자 남들보다 더 나
은 사람이 되고 싶은 동기다. (이에 관해서는 레슨 19 '동기: 지위'에서 배우게
될 것이다.)

정의

모든 사람이 마땅히 받아야 할 몫을 받을 수 있도록 균형을 맞추고
자 하는 동기다. (이에 관해서는 레슨 20 '동기: 정의'에서 배우게 될 것이다.)

이해하기(호기심)

사물을 이해하고자 하는 동기는 특히 흥미로운 주제이지만 UX에
서 활용하기는 쉽지 않다. 이 주제는 동기에 관한 마지막 레슨이 될
것이며, 이를 배우고 나면 사용성, 온보딩^{onboarding}, 광고, 사용자가
변화를 다루는 방식 등에 관한 생각이 바뀌게 될 것이다.

지금까지 여러 동기에 대해 간략하게 소개했다. 이를 통해 UX가
어떻게 특정 행동을 만들어낼 수 있을지 감을 잡았기를 바란다. 사
용자가 당신의 제품을 특히 아끼고 고마움을 표한다면 그것은 이
러한 동기들이 충족되었기 때문이다.

동기: 사랑하는 대상

조금 은밀한 이야기로 동기의 본질을 설명하고자 한다. 지금부터 특별한 2가지 동기를 좀 더 깊이 살펴볼 생각이다. 온라인이든 오프라인이든 사람들을 가깝게 만드는 동기를 다룬다.

섹스는 서로의 가장 따뜻하고 포근한 부분을 건드리는 동기이며, 사랑은 그 자체로 따뜻함과 포근함이 느껴지는 동기다. 지금부터 이 2가지를 들여다볼 텐데, 놀랍게도 이 둘은 매우 다르다. 자세히 알아보기 전에 일러둘 것이 하나 있다.

> **주의** 섹스는 민감한 주제다. 우선, 내용이 얕을 수 있는데 기분이 상하지 않길 바란다. 또한 성과 행동에 관해 이야기할 때는 분명 정치적인 요소가 있기 마련이다. 나는 '여성'과 '남성' 범주로 구분한 용어를 쓰겠지만 '남성적인' 성적 행동이 남성의 신체만을 뜻하지 않는다는 것을 염두에 두기 바란다. 이는 여성에 관해서도 마찬가지다. 하지만 이 부분을 너무 깊숙이 파고들면 이 레슨은 아슬아슬하게 될 것이다. 부디 선의를 갖고 해석해주면 좋겠다. 나는 모든 이가 성향과 상관없이 존중받아야 한다고 생각한다.

성적 '교전 규칙'을 경매처럼 생각하라

당신이 소중하고 희귀한 것을 가지고 있다면 가장 많은 대가를 제시하는 사람에게 넘기고 싶을 것이다. 이것이 미국의 TV 프로그램 〈앤티크 로드쇼Antiques Roadshow〉가 인기가 많은 이유다. 물건이 진귀할수록 당신은 더 방어적인 자세가 되고, 사람들은 더 비싼 대가를 치르려 할 것이다. 만약 당신이 파블로 피카소Pablo Picasso의 작품을 가지고 있다면 가장 높은 금액을 부르는 사람에게 넘기고 싶을 것이다. 또 당신에게 돈이 많다면 유명 화가의 작품에만 응찰할 것이다. 반면 당신에게 돈이 별로 없다면 경쟁이 덜 치열한 경매품을 찾을 것이다. 만약 당신의 물건이 진귀하고 값이 나가는 것이 아니라면 기대치도 그렇게 높지 않을 것이다. 성적 매력도 이와 다르지 않다.

이렇게 비유하니 단순하게 들리겠지만 우리가 이야기하고 있는 대상은 사람이며, 사람은 단순과는 거리가 먼 존재다. 인식 또한 중요하게 작용한다. 그것은 사람이 얼마나 '소중'하고 '희소'하냐의 문제가 아니라 다른 사람들이 보기에 얼마나 소중하냐의 문제다.

어떤 성적인 신호는 알아차리기 쉽다. 예를 들어 패션 감각이 뛰어난 옷이나 맵시 있는 몸매, '나 좀 멋져!'라고 광고하는 것 같은 징표들 말이다. 그러나 자신감이나 지성 같은 특성은 훨씬 미묘하다. 또 어떤 것들은 개인 취향의 문제이기도 하다. 무엇을 할 때 즐거운지, 어떤 음악을 좋아하는지 같은 것들 말이다.

사용자가 '자격(인기, 관심사, 외모 등)'을 판단하고 자기 취향에 맞는 사람을 찾는 데 필요한 정보를 제공하라. 그건 팔로워 수나 사진처럼 단순한 것일 수도 있지만 비디오나 설명, 세부 카테고리가 필요할 수도 있다.

조금 터무니없고 놀라울 수도 있지만 포르노 사이트는 A/B 테스트, 디자인 최적화, 광고, 검색 경험에 있어 실제 가장 왕성하게 비즈니스를 운영하는 사이트 중 하나다. 또 놀라울 정도로 경쟁적인 산업이라 한 손만 사용해 목적지에 도착할 수 있도록 하는 방법을 고려해야 할 정도다. 정말이다!

또한 사람은 성관계를 하고 싶어 하는 동기 부여가 되어 있어 다음과 같은 단순한 문장 하나가 의욕을 크게 부추길 수도 있다.

'일반적으로 사진이 많은 프로필일수록 인기가 많습니다.'

사용자가 이 사실을 알고 난 후에도 사진을 달랑 한 장만 올려놓을 것이라고 생각하는가?

더 많은 사진 = 모든 사람에게 더 나은 UX

사랑하는 만큼 사랑받고 싶은 욕구

섹스가 얄팍한, 단기간의 일이라면 사랑은 그 반대다. 희망이며, 꿈이며, 배려이며, 관심이며, 무지개며, 햇살이다.

당신이 사랑하는 대상은 배우자일 수도 있고, 아이들일 수도 있고, 파트너일 수도 있다. 그 사랑은 모두 조금씩 다르다. 기본적으로 사랑은 다른 사람의 동기에 응답하려는 동기다(즉 당신이 다른 사람을 행복하게 하고 다른 사람도 당신을 행복하게 한다).

낭만적인 사랑에서는 당신이 사랑하는 만큼 당신을 사랑해줄 사람을 찾는 것이 중요하다. 결혼 상대를 찾을 때는 비슷한 가치관을 가진(좋고 나쁜 것에 관한 생각이 비슷한) 사람을 찾는 경향이 있다. 그러므로 사용자가 수많은 사람 중에서 자신과 비슷한 사람을 찾을 수 있도록 디자인해야 한다.

하지만 낭만적인 사랑에 섹스가 포함되어 아이가 생기면, 아이를 사랑하는 일은 보호에 관한 문제가 되고 그들이 잘 자라는 것이 중요해진다. 가족과 친구를 사랑하는 일은 영토 문제와 같다. 기능을 디자인할 때는 이러한 점들을 고려해 사람들이 이런 방식으로 행동하는 데 도움이 되어야 한다.

사용자가 사랑을 찾는 것을 돕는 일은 식기세척기를 고르는 일을 도와주는 것과 같다. 그저 하나면 충분하고, 기본 제품들은 대부분 비슷하지만 사람들 각자 정의하는 '완벽'의 기준이 다르다. 필터를 적용하고, 비교하고, 질문하고, 저장하고, 다음에 이어 할 수 있는 기능들을 제공하라.

동기: 소속감

소셜미디어와 게임은 인터넷상에서 거대한 지분을 차지하고 있는데, 이들 뒤에 숨은 주요 동기는 모두 같다. 어딘가에 소속되고자 하는 욕구다.

소속감, 그리고 다음에 나올 2가지 동기는 전적으로 상대적인 것이다. 이들은 남들과 비교할 때만 의미가 있다. 내가 가장 좋아하는 분야다.

어딘가에 소속되고자 하는 욕구

그룹에 가입해보라. 어떤 그룹이든 좋다. 스포츠팀의 팬들, 'UX' 일을 하는 사람들, 자기 나라 사람들, 주말에 낚시하는 사람들, 주말에 낚시하는 사람을 싫어하는 사람들 등.

어떤 그룹의 일원이 되면(혹은 그 일원이라고 믿으면) 자부심을 느끼게 된다. 우리는 그것이 상징하는 색깔의 옷을 입고 주제곡을 부르고 기념품을 사고 그 징표를 전시하는 등의 행동을 한다. 그건 스포츠팀일 수도 있고, 음악 밴드일 수도 있고, 학교 혹은 국가일 수도 있고,

가족일 수도 있다. 만일 당신이 속한 그룹이 싫어하는 대상이 있다면 그 대상을 싫어할 수 있는 좋은 기회다. 만일 당신이 속한 그룹이 공통된 신념을 가졌다면 이 신념에 반대하는 누군가를 싫어할 수 있는 좋은 기회다.

UX 디자이너로서

사용자가 그룹에 가입할 수 있게 하고 그룹의 공통점을 전시할 수 있게 하라. 길드에 가입하거나 좋아하는 게시물에 '좋아요'를 누르거나 색깔 배색을 선택할 수 있도록 말이다.

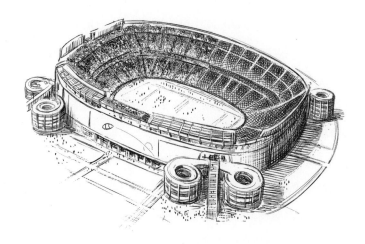

동기: 지위

소셜 네트워크와 게임을 작동시키는 또 다른 동기는 남들보다 뛰어나고 싶은 마음, 즉 통제하고, 비교하고, 경쟁하고 싶어 하는 욕구다.

다른 사람보다 뛰어나고 싶은 욕구

사람은 스스로 결정하고 싶어 한다. 자유, 책임, 권한, 통제, 반란, 주체성 등 원하는 대로 불러라. 어떤 형태로든 당신은 결정권자가 되고 싶을 것이다. 최소한 자기 인생만이라도 스스로 결정하고 싶을 것이다. 사람들은 늘 스스로 결정을 내리고 주도적으로 살고 싶어 한다. 주식을 사는 문제처럼 전문가가 더 잘할 수 있을 때나 직장에서 너무 많은 일을 떠맡아 위험 부담이 생길 수 있는 상황에서 조차도 그렇다.

그러므로 사용자들에게 권한을 주어야 한다. 하지만 할 수 있다면 중대한 실수를 사전에 막고 더 나은 판단을 내릴 수 있도록 도와야 한다. 위험한 선택을 다시 한 번 확인할 수 있도록 하거나 실수로 잘못된 행동을 하는 일이 없도록 디자인해야 한다.

누구나 최고가 되고 싶어 한다. 성취, 권위, 승리, 인기, 돈, 재능, 성적 매력 등 남들보다 뛰어나게 만드는 것이라면 뭐든 괜찮다. 이러한 경쟁이 언제나 게임이나 스포츠 형태로 존재하는 것은 아니다. 사용자가 하는 것이라면 무엇이든 경쟁이 될 수 있다. 멋진 프로필 사진이든 팔로워 수든. 우리는 그저 경쟁을 유발하는 동기를 어떻게 사용할지 선택하기만 하면 된다.

사람은 절대 아래로 내려가고 싶어 하지 않는다. 우리는 이미 얻은 것을 지키기 위해 동기 부여가 되어 있다는 사실을 기억해야 한다. 사람들은 포인트처럼 가상의 것이라 하더라도 현재 가진 지위를 지키기 위해 싸운다. 때로는 경쟁에 위협이 되는 요소를 약간 추가하는 것도 좋은 방법이다. 일정 기간 활동을 하지 않으면 팜빌Farmville처럼 농장이 죽어버리거나, 텀블러Tumblr처럼 '활동 레벨'이 내려간다면 등급을 지키기 위해 더욱더 참여하게 되기 때문이다.

내가 이 책을 쓰는 동안 인스타그램Instagrom은 네트워크상에 존재하는 수백만의 가짜 계정을 삭제했는데, 팔로워 수가 줄어든 사용자들은 무척 화를 냈다. 그들은 팔로워 수가 줄어들 바에야(낮은 지위) 로봇이 포함되더라도 팔로워 수가 높았으면 했던 것이다(높은 지위).

UX 디자이너로서

프로필 사진이나 개인 정보 보호 설정 같은 특정 기능들은 사용자가 설정할 수 있도록 권한을 주되, 그것들을 통해 중요한 선택을 할 수 있도록 해서는 안 된다. 또 사용자가 다른 사람들과 자신을 비교할 수 있도록 사용자 행동을 측정하는 방법을 만들어야 한다. 포인트나 인스타그램의 팔로워, '포스퀘어Foursquare'의 메이어Mayor처럼 말이다.

동기: 정의

당신은 싸움을 먼저 건 아이는 눈에 멍이 들어도 괜찮다고 생각할 수도 있고, 두 아이 모두 똑같이 잘못했다고 생각할 수도 있다. 어떻게 생각하든 그런 생각의 관점을 '정의'라고 한다.

힘의 균형을 찾으려는 정서적 욕구

우리는 종종 나쁜 사람이 되기도 하지만, 그럼에도 사랑받을 자격이 있다고 생각한다. 또 아돌프 히틀러^{Adolf Hitler}는 그저 평범한 지도자가 아니라 '사악한' 지도자라는 사실에는 이견이 없다. 그리고 우리는 힘없는 사람이 결국 승리를 거두는 이야기에 열광한다. 정의는 힘의 균형을 찾으려는 우리의 정서적 욕구라고 볼 수 있다.

정의에 관해 가장 흥미로운 점은 그것이 다른 동기들과 엮였을 때만 적용된다는 사실이다. A라는 사람이 B라는 사람의 14가지 동기 중 하나에 손실을 초래했다면 우리는 A가 그와 같은 손실을 보길 바란다(비슷한 차원의 손실이라도). 또 만약 A가 우리에게 다른 동기 중 하나에 이득을 가져다주고 그래서 기쁨을 주었다면 우리는 그에게 어떻게든 보답해야 한다고 생각한다.

반면 한 아이가 다른 아이를 심하게 때린다면 지켜보는 입장에서는 공정하지 않다는 생각이 든다. 하지만 때린 아이가 괴롭힘을 당하다 겨우 용기를 내 싸웠다는 사실이 밝혀지면 감정은 순식간에 바뀐다. 그러나 그 괴롭힘이 거짓이었다는 사실이 밝혀지면? 상황은 또다시 변한다. 이처럼 도덕성이란 인식의 문제다. 그래서 철학자들이 이에 대해 논하는 것을 즐긴 것이 아닐까?

UX 디자이너로서

행동 규칙을 정하고 상호 예의와 존중이 지켜지도록 해야 한다. 또는 사용자에게 챔피언을 선택할 수 있는 권한을 주어도 좋다.

동기: 이해하기 (호기심)

페이스북이 예고도 없이 갑자기 기능을 바꿨을 때 솟아난 분노와 새로운 영화 예고 영상을 보고 난 감정 뒤에는 숨은 동기가 있다.

무언가를 알고 싶은 욕구

어떠한 상황에서 그에 대한 정보를 알고 싶은 욕구를 '호기심'이라 부른다. 사람은 이미 알고 있는 지식을 보호하려는 욕구를 가지고 있다. '이해하기'에 관한 재미있는 사실은 이는 꽤 단순한 문제인데 많은 디자이너와 마케터가 늘 망쳐버린다는 점이다.

호기심을 일으키는 데에는 3가지 규칙이 있다.

- 사용자가 14가지 동기 중 하나에서 이득이나 손실이 있을 것 이라는 사실을 이해하고 있어야 한다.
- 이득이나 손실의 규모가 커질수록 호기심도 커진다.
- 모든 것을 한 번에 보여주지 말아야 한다.

이 레슨에 그려진 삽화는 아이폰의 웹 사이트 이미지와 비슷하다.

당신 주머니 속에 있는 그다지 스마트하지 않은 휴대전화보다는 나은 제품이라는 것은 알 수 있지만 세부 정보는 감추어져 있다.

짜잔! 이제 당신도 궁금하지 않은가? 만일 아이폰이 그 당시 다른 휴대전화들과 똑같이 생겼더라면 사람들은 호기심이 생기지 않았을 것이다. 왜냐고? 아이폰을 '이해'하지 못했을 것이기 때문이다.

호기심 유발에 완전히 실패하는 방법

사람들의 호기심을 불러일으키는 데 완전히 실패하는 가장 좋은 방법은 14가지 동기에 해당하지 않는 것을 제공하는 것이다. 역설적이게도 이를 보여주는 가장 일반적인 사례는 공짜 아이폰이나 아이패드 당첨 기회를 주는 것이다.

첫째, 사람들은 모두 아이폰이나 아이패드가 무엇인지 알고 있다. 호기심 따위는 없다. 둘째, 많은 사람이 이미 가지고 있는 것에 당첨될 기회일 뿐이다(지위는 다른 사람들과 비교했을 때 생기는 상대적인 개념이라는 사실을 기억하라). 그러므로 어려서 아이폰을 살 방법이 없거나 금전적 여유가 없는 상황이 아니라면 지위 측면에서 얻을 수 있는 이득은 꽤 적다.

당신의 제품을 실제 동기와 관련된 이득으로 보이게 하거나 제품을 갖지 못하는 것이 손실처럼 보이게 만들어라. 더는 공짜 제품으로 사람들에게 동기 부여하는 일을 해서는 안 된다.

사용자들이 이해하고 싶어 하는 것들도 고려해야 한다.

사용자들은 선택권이 있다면 자기가 잘 모르는 제품보다는 알고 있는 제품을 선택할 가능성이 크다. 그러니 기능을 변경하거나 삭제할 때는 호기심을 마케팅 전략으로 삼아서는 안 된다. 사용자에게 어떤 점이 바뀌었는지, 왜 바뀌었는지, 어떻게 작동해야 하는지 알려주고, 가능하다면 적응할 시간을 주어야 한다. 그러지 않으면 사용자들은 이미 이해하고 있는 정보를 소용없게 만든 것이기 때문에 무척 화를 낼 것이다. 그것은 엄청난 손실이다.

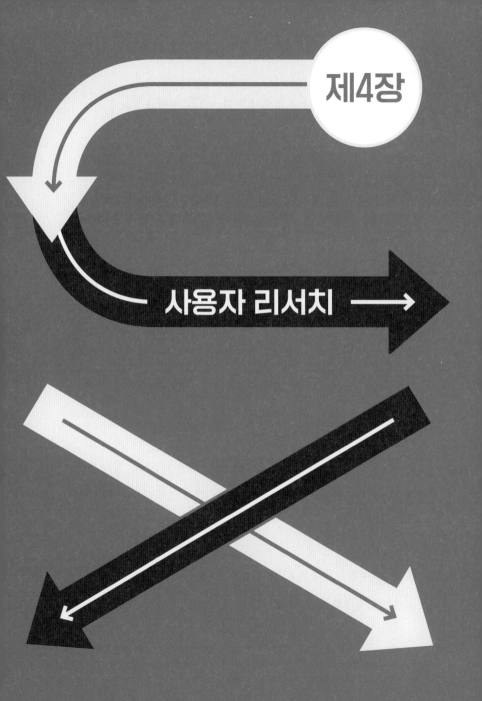

제4장

사용자 리서치 →

사용자 리서치란 무엇인가

사용자는 UX 태양계의 태양이자 디자이너에게는 가시와 같은 존재다. '절대 사용자를 탓하지 마라.' 이는 UX의 신성한 법칙 중 하나다. 솔직히 말해보자. 때로는 지독히도 그러고 싶은 때가 있지 않은가? 그러나 그런 생각을 했다면 사용자를 충분히 이해하지 못한 것이다. 사용자 리서치는 바로 그러한 점을 바로잡는 방법이다.

언제 하느냐보다 무엇을 하느냐가 중요하다

어떤 사람은 리서치를 그 어떤 일보다 먼저 시작해야 한다고 말하고, 또 어떤 사람은 약간의 계획을 세워놓은 뒤 시작하라고 말한다. 또 어떤 사람은 제품을 만들고 난 후에 시작하라고 말한다. 모두 맞는 말이다. 사용자 리서치를 하는 데 있어 나쁜 시간이란 없다. 일찍 시작하고 자주 해야 한다. 정말 중요한 것은 언제 하느냐가 아니라, 무엇을 하느냐다.

사용자에 관해 무엇을 알고 싶은가? 사람과 관련된 리서치에서 얻을 수 있는 주요 정보는 2가지 유형으로 나눌 수 있다. 바로 주관적 리서치와 객관적 리서치.

주관적 리서치

'주관적'이라는 단어 자체에는 어떤 것에 대한 의견, 기억, 인상이라는 의미가 담겨 있다. 사실 정보가 아니라, 자신이 느끼는 감정, 그것이 가져오는 기대감 같은 것이다.

"가장 좋아하는 색깔은 무엇입니까?"

"이 기업을 신뢰하십니까?"

"이 바지를 입으면 내 엉덩이가 뚱뚱해 보이나요?"

(이처럼 정답이 없는 질문들이다.) 주관적인 정보를 얻기 위해서는 사람들에게 질문을 해야 한다.

객관적 리서치

'객관적'이라는 단어는 사실을 의미한다. 입증할 수 있는 진실 말이다. 당신이 바꾸고 싶다고 해서 바꿀 수 있는 것이 아니다.

"우리 회사의 애플리케이션을 사용한 지 얼마나 되었습니까?"

"어떤 경로를 통해 우리 웹 사이트를 찾았습니까?"

"이 바지의 사이즈는 무엇입니까?"

만약 사람들의 기억이 정확하고 그들이 절대 거짓말을 하지 않는다면(특히 그들 자신에게) 이런 질문들을 해도 된다. 그런 사람을 안다면 내게 연락해주기 바란다.

객관적인 데이터는 측정값과 통계 형식으로 알 수 있다. 그러나 무

언가를 셀 수 있다고 해서 그것이 객관적이거나 '데이터'인 것은 아
니다.

복수의 '개인적 진술'은 '증거'가 될 수 없다.

―어느 현명한 사람

어떠한 것을 두고 102명의 사람은 좋다고 투표하고, 50명의 사람
은 나쁘다고 투표했다고 가정해보자. 여기서 알 수 있는 객관적인
정보는 152명의 사람이 투표했다는 사실밖에 없다. 어떤 것이 좋
은지, 어떤 것이 나쁜지는 여전히 주관적인 문제이기 때문이다.

최대한 많은 정보를 모아라

일반적으로는 설령 그것이 주관적인 문제라 하더라도 더 많은 사
람이 참여할수록 더 믿을 만한 정보가 형성된다. 어느 한 개인의 의
견은 완전히 틀릴 수도 있다. 그러나 100만 명이 넘는 사람이 동의
한다면 그것은 대중의 신념을 대표할 수 있게 된다(그러나 객관적으로는
여전히 잘못된 정보일 수도 있다). 그러므로 리서치를 할 때는 최대한 많은
정보를 모아야 한다.

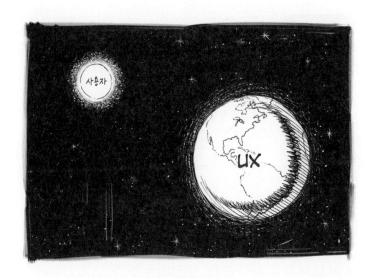

주관적인 것들을 조심하라

사람들에게 객관적인 정답을 요구하는 문제를 내고 맞춰보라고 하라. '병 속에 담긴 것(젤리)이 무엇인가' 같은 문제 말이다. 평균적인 추측은 실제 답과 꽤 비슷하게 나올 것이다. 그러나 주관적인 대중의 지혜는 폭동을 초래할 수도 있다. 그러므로 음…… 여기까지 하겠다. 조심해야 한다. 주관적인 것들은 절대 진실이 아니다. 단지 좀 더 많거나 적은 사람을 뜻하는 것에 지나지 않는다.

사용자 리서치가 아닌 것

사용자 리서치는 무척 중요하며 절대로 빠뜨려서는 안 된다. 끊임없이 묻고, 또 물어야 한다.

사용자 리서치
= 사용자가 디자인을 테스트하는 것

디자이너는 사용자 테스트를 할 때 자신이 권한을 가진 위치에 있다고 생각하겠지만 결코 그렇지 않다. 사용자가 디자인을 테스트하는 것이다. 만약 사용자가 의도한 대로 행동하지 않거나 무언가를 이해하지 못했다면 그건 사용자가 아닌 디자이너의 잘못이다. 만약 유도 질문을 하거나 일반적으로는 알기 힘든 힌트를 제공해 원하는 답변을 얻어냈다면 그 테스트는 실패한 것과 다름없다. 그 테스트를 통해 얻은 정보는 없다고 봐야 한다. 그러므로 사용자가 테스트를 하거나 대답하는 중이라면 침묵을 지키며 관찰해야 한다.

사용자는 미래를 점치는 수정 구슬이 아니다

UX는 기술이지 재능이 아니다. 즉 평균적인 사용자는 디자이너가 하는 일에 도움이 되지 않는다. 디자이너가 해야 하는 일은 사용자가 하는 말을 경청하는 것이지, 그들 앞에서 디자인 재간꾼 노릇을 하는 것이 아니다. 사용자가 무슨 생각을 하는지 알아보고, 목표한 것을 달성하기 위해 어떤 노력을 하는지 지켜보고, 당신이 디자인한 프로세스 내에서 어떻게, 그리고 왜 길을 잃게 되는지 살펴보라. 그러고 난 뒤 문제의 해결책을 찾아야 한다.

아이디어와 솔루션은 다르다

만약 사용자가 버튼이 파란색이길 바라거나, 모든 제품을 제조국 순서로 볼 수 있기를 바란다면 그것에 관해 메모를 해둘 수는 있다. 하지만 그것이 UX에서 목표한 바를 성취하는 데 도움을 주지 않는다면 지금 당장 중요한 문제는 아닐 것이다. 아이디어와 솔루션은 다르다는 사실을 명심해야 한다.

합의는 UX 전략이 아니다

수많은 디자이너가 최상의 해결책을 찾기 위해 동료들에게 조언을 구한다. 물론 기본적으로 프로젝트의 필수 요건들을 확인하고 의견을 교환하기 위해 동료들과 소통해야 한다. 그것이 바로 '협업'이다. 그러나 동료들이 버튼을 누를 때마다 방귀 소리가 나는 것을 재미있어 한다고 해서(누가 안 좋아하겠는가!) 사용자들도 그것이 필요하다고 생각해서는 안 된다. 또 그 동료 무리에는 당신도 포함된다. 당신 또한 회사에 속한 사람이며, 회사 직원들의 의견이 무조건 중요한 것은 아니다. 사용자 리서치는 자신이 생각한 것을 확인하는 방법이 아니라 자신이 생각해야 할 것을 발견하는 방법이다.

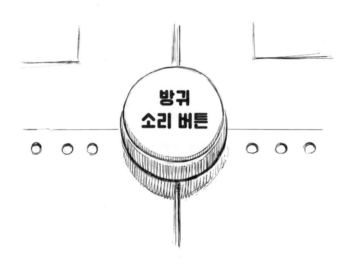

더 많은 사용자에게 물어라

우리에게는 집단 지성이 필요할까, 가장 충실한 사용자가 필요할까? 디자인에 관해 가장 많이 알고 있는 사람에게 물어야 할까, 새로운 관점을 지닌 초보자에게 물어야 할까?

매우 일반적인 질문이자 매우 좋은 질문이다. 사용자 리서치를 할 때 필요한 정보를 모두 수집하기 위해서는 얼마나 많은 사용자를 포함해야 할까? 글쎄, 사실 그건 상황에 따라 다르다.

헷갈린다면 더 많은 사용자에게 확인하라

당신이 만든 디자인에 다음과 같은 문제점이 있다고 가정하자.

- 대부분의 사람이 메뉴를 확인하는 버튼이 어디 있는지 찾지 못한다.
- 가격 안내 페이지에 있는 제품 중 하나는 무료인데도 무료가 아닌 것처럼 보인다.

메뉴 문제가 3명 중 1명꼴로 나타난다고 가정해보자. 그 말은 메뉴 문제를 확인하기 위해 적어도 3명 이상의 사용자가 필요하다는 의미다(실제로는 4~5명이 필요하다). 또 가격 문제는 20명 중 1명꼴로 생긴다고 가정해보자. 이 문제를 해결하기 위해서는 적어도 20명 이상의 사용자를 테스트해봐야 한다(이 문제 역시 실제로는 30~40명 정도가 필요하다). 그러므로 일반적인 사용자 테스트처럼 5명만을 대상으로 테스트한다면 메뉴 문제는 발견할 수 있겠지만 가격 문제는 놓치고 말 것이다.

실제 서비스에서는 20명 중 전환되는 비율이 얼마 되지 않을 것이므로 가격 문제가 판매에 엄청난 손실을 초래할 수 있다. 이러한 점 때문에 대면 테스트가 유용하지만 개별적인 테스트 또한 신뢰하기 어렵다.

다양한 유형의 사용자를 테스트하라

레슨 30 '사용자 프로필'에서 사용자 유형을 구별하는 방법을 배우게 될 것이다. 실제로 자신의 프로필에 적합한 사용자를 테스트하면 본인과 어떻게 다르게 생각하는지 알 수 있고, 현실 사용자들에게 영향을 미칠 수 있는 문제점도 찾을 수 있다.

반면 딱 한 가지 유형의 사용자만 테스트한다면 다른 방식으로 사고하는 사람들이 맞닥뜨리는 문제점을 놓치게 될 것이다. 그러므로 몇몇 괴짜(동료 제외)도 무작위로 뽑아 테스트해야 한다. 그래야 다양한 사람이 어떻게 행동하는지 알 수 있으며, 그 과정에서 재미있는 무언가를 발견할 수도 있다.

질문 방식

때로는, 특히 새로운 프로젝트를 시작할 때는 실제 사람들에게 실제 질문을 실제로 하기도 해야 한다.

3가지 기본적인 질문 유형

사용자에게 할 수 있는 질문은 매우 다양하지만, 크게 3가지 유형으로 나눌 수 있다.

1. 개방형 질문: "나를 어떻게 묘사할 수 있습니까?"

   이러한 질문은 가능한 많은 피드백을 받기를 원할 때 유용하게 사용할 수 있으며 폭넓은 답을 허용한다.

2. 유도 질문: "내 디자인 중 가장 좋은 기능은 무엇입니까?"

   이러한 질문은 답을 특정 유형으로 제한한다. 또 이 예시는 내 디자인 능력이 뛰어나다는 것을 전제로 묻고 있는데, 그것은 사실이 아닐 수도 있다. 그러니 조심해야 한다. 이런 유형의 질문은 당신이 필요할지도 모르는 답을 배제할 수도 있다.

3. 폐쇄형/직접적 질문: "내 미소와 찡그린 표정 중 어떤 것이 더
   좋습니까?"
   이런한 질문은 선택권을 제시한다. '예', 또는 '아니요', '이것',
   또는 '저것'. 그러나 선택지가 별로라면 결과 또한 별로일 수
   밖에 없다. 여기서 핵심 팁! 별로인 선택지를 주지 말 것!

다음 레슨에서는 이런 질문들을 포함한 여러 종류의 리서치 방법
을 살펴볼 것이다.

사용자 관찰 방법

누군가를 지켜보는 것과 리서치를 목적으로 사용자를 관찰하는 것은 완전히 다른 차원의 일이다. 만일 이 차이를 모르겠다면 일을 제대로 하지 못하고 있을 가능성이 크다.

자신의 기억력을 믿지 마라

테스트하는 모습을 녹화하거나, 노트에 필기하거나, 두 사람이 함께 관찰하거나, 이 모든 방법을 동시에 사용하라. 절대로 자신의 기억력을 믿어선 안 된다. 기억력에 의존했다가 나중에 땅을 치고 후회하는 일이 발생할 수도 있다.

사용자의 몸짓, 표정 등을 놓치지 마라

사용자들은 테스트를 진행하는 동안 몸짓, 표정 등으로 자신의 감정을 나타낸다. "음……" 하고 할 말을 고르기도 하고, 생각이나 감정을 내뱉으려는 듯 입술을 살짝 움직이기도 한다. 그 순간을 포착하라. 실시간으로 기록한 단서가 되어 유용하게 사용할 수 있다.

사용자가 선택하는 모든 것을 확인하라

초보 UX 디자이너들이 흔히 저지르는 실수 중 하나는 과정을 무시하고 결과만 기록하는 것이다. 더 많은 사용자가 당신이 기대한 대로 행동하지 않을수록 테스트 결과는 유용하게 쓰일 수 있다. 테스트 이후 노트에 '완료', '미완료'만 가득 써두었다면 테스트에서 얻은 정보가 아무것도 없다는 의미다. 사용자들이 솔루션을 어떻게 찾아가는지, 왜 솔루션이 그곳에 있다고 생각하는지, 솔루션을 찾기 위해 어떤 단서들을 사용하는지(아니면 왜 사용하지 않는지), 사용자들이 생각하기에 태스크를 완료했는지, 아니면 완료하지 못했는지 등을 기록해야 한다.

도움을 주지 마라

문제를 이해하지 못해 혼란에 빠진 사용자를 보면 돕고 싶은 마음이 들 것이다. 유혹을 이겨내라! 사용자를 돕고, 힌트를 주고, 유용한 실마리를 주는 순간, 테스트는 의미를 잃게 된다. 그러면 사용자가 아닌 본인이 디자인을 테스트한 것과 다를 바가 없다. 사용자가 실패하도록 둠으로써 얻게 될 정보가 유용할 수도 있다.

사용자는 거짓말을 하기도 한다

본인도 테스트하는 그 방에 있다는 사실을 잊지 마라. 사용자들은 부끄러움을 감추기 위해 거짓말을 하기도 하고, 조언을 구하기 위해 어려움에 빠진 척을 하기도 한다. 또한 관계자가 지켜보고 있기 때문에 디자인이 그다지 좋지 않아도 훌륭하다고 말하기도 한다. 사용자 테스트를 할 때는 그들이 스스로 깨닫지 못할지라도 늘 무언가에 관해 거짓말을 한다고 가정해야 한다.

인터뷰

몇 가지 질문을 하고 싶거나 사람들이 자신의 디자인을 사용하는 모습을 보고 싶다면 그들을 직접 만나보아야 한다.

인터뷰란

인터뷰를 위해 구성한 질문을 사용자에게 직접 묻는 일이다.

인터뷰가 좋은 이유

- 추가 질문을 할 수 있다. 이를 통해 자신이 한 질문이 헷갈리는지 알아볼 수 있고 사람들에게 완수할 태스크를 줄 수도 있다. 또 글로는 답하기 힘든 개방형 답변을 요구하는 질문을 할 수도 있다.

- 사용자를 지켜보며 비언어적인 단서들을 얻을 수 있다. 또 게임이나 퀴즈, 실시간 메시지처럼 시간제한이 있는 경험에 관해 배울 수 있다.

- 테스트 참가자를 엄선할 수 있다.

인터뷰가 나쁜 이유

- 테스트 참가자들은 인터뷰를 진행하는 사람에게 인정받기 위해 자신의 행동과 의견을 조정할 가능성이 있다.

- 자신에게 편한 장소까지 사람들을 오게 만드는 것은 결코 쉽지 않다. 그래서 예상보다 적은 인원을 대상으로 테스트하기도 한다.

- 직접 얼굴을 마주해야 하는 인터뷰 특성상 부끄러운 감정을 유발하는 제품 및 서비스에 대해 묻기에는 적합하지 않다.

- 내성적인 사용자라면 대면 인터뷰보다 나쁜 방식은 없다.

이럴 때 인터뷰가 필요하다

복잡한 과정과 결정 사항이 수반되는 주관적인 상품을 테스트해야 한다면 인터뷰가 적합하다. 완벽한 라텍스 보디 슈트를 찾기 위해 웹 사이트를 돌아다녀야 하는 경우처럼 말이다. 또 사용자 행동에 따른 후속 질문이 필요할 때도 인터뷰가 유용하다.

설문조사

늘 대면 인터뷰만 해야 하는 것은 아니다. 가끔은 사람들에게 질문지를 보내야 할 때도 있다. 다만 조심해야 할 점은 설문조사가 할 수 있는 일이 있고, 할 수 없는 일이 있다는 사실이다.

설문조사란

설문조사는 사용자가 종이나 온라인 형식을 통해 때로는 비공개로, 때로는 익명으로 답할 수 있도록 만든 질문지다. 설문조사는 사용자에게 자기와 비슷한 해리 포터$^{\text{Harry Potter}}$ 캐릭터를 찾게 하는 게 아니라 그들로부터 피드백을 받는 것이다.

설문조사가 좋은 이유

- 사용자가 비공개 형식으로 참여할 수 있어 솔직하게 답할 수 있다.

- 모든 사용자는 정확히 같은 질문을 받으므로 누군가가 잘못된 질문을 던져 조사를 망치는 일을 막을 수 있다.

- 참가자를 수천 명 단위로 모집할 수 있으며 비용이 적게 든다.

- UX 설문조사 결과가 당신이 말포이[Malfoy](《해리 포터》에 나오는 인물—옮긴이)에 가깝다고 말할 리는 없으니 누구의 기분도 상하지 않는다.

설문조사가 나쁜 이유

- 추가 질문을 할 수 없으므로 설문지를 만들 때 꼼꼼하게 준비해야 한다.
- 질문을 하는 방식이나 선택지를 나열한 순서 등이 의도치 않게 결과에 영향을 미칠 수 있다.
- 사람은 귀찮은 것을 싫어한다. 설문조사 내용이 길면 끝까지 완료하지 못할 수도 있다.
- 자신이 생각한 결과가 나오지 않았다고 해서 설문조사를 다시 진행할 수는 없다.

이럴 때 설문조사가 필요하다

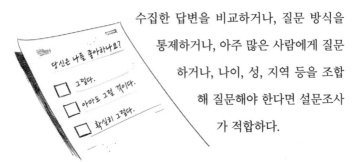

수집한 답변을 비교하거나, 질문 방식을 통제하거나, 아주 많은 사람에게 질문하거나, 나이, 성, 지역 등을 조합해 질문해야 한다면 설문조사가 적합하다.

카드 소팅

어떤 유형의 질문은 대답하기 어려울 때도 있다. 그럴 때는 사용자에게 직접 보여달라고 요청하는 것도 좋은 방법이다.

카드 소팅이란

불행히도 블랙잭에서 더 많이 이길 수 있는 방법을 이야기하려는 게 아니다. 사용자에게 주제나 아이디어가 적힌 카드(당신이 고민 중인 내용이나 기능 종류 같은 것들) 한 세트를 주고 자신이 생각하기에 적합한 카테고리로 그 카드들을 분류하도록 하는 것이다.

카드 소팅은 말 그대로 레시피 카드 한 뭉치로 할 수도 있고, 온라인 툴을 사용해 시뮬레이션해볼 수도 있다. 많은 사용자를 대상으로 카드 소팅을 해보고 그들이 카드 사이에 만든 관계도를 기록해두면, 사용자가 보기에 어떤 아이디어나 기능이 가장 연관되어 보이는지를 배울 수 있다.

또한 메뉴와 인포메이션 아키텍처를 디자인하는 데 유용하게 이용할 수 있다. 나는 한 수업에서 학생들과 온라인 툴을 사용해 15분짜리 카드 소팅을 진행한 적이 있다. 학생들이 수업에 도착하기 전에 가상의 에이전시 콘텐츠를 카드로 만들어놓았다. 학생들이 교실에 도착해 그것을 빠르게 분류할 동안 나는 여느 훌륭한 선생님처럼 그들을 못 본 척했다. 그러고 난 후에는 소프트웨어가 학생들의 카드 소팅 결과에서 자동으로 규칙을 측정해냈고, 내 작업 시간을 몇 시간이나 단축할 수 있었다.

카드 소팅이 좋은 이유

- 월마트$^{Wal\text{-}Mart}$나 이베이^{eBay} 같은 대기업의 웹 사이트를 디자인하는 일은 벅차게 느껴질 수 있다. 그럴 때 카드 소팅이 도움이 된다.

- 언뜻 보기에 무작위적이고 연관성 없어 보이는 아이디어 더미 속에서 일정한 규칙을 발견하거나 사용자들의 우선순위를 알 수 있다. 사용자에게 직접 물을 필요도 없다.

- 나는 한 디지털 에이전시의 웹 사이트 일을 맡았을 때 카드 소팅을 사용한 적이 있는데, 그 이유는 내가 관련 콘텐츠를 너무 잘 알고 있어 사용자 관점으로 생각할 수 없었기 때문이다. 이 과정을 통해 에이전시를 고객으로서 대할 때와 잠재적 직원으로서 대할 때 관점의 차이가 있다는 사실을 알 수 있었다.

카드 소팅이 나쁜 이유

* 준비 과정이 번거롭다. 또 답안이 솔루션이라기보다는 가이드에 가깝다.
* 실험에 제시한 답안 이상의 훌륭한 답안이 나올 수 없다.
* 의미가 통하든, 통하지 않든 사용자는 테스트를 진행하는 사람이 제공한 카드로만 결과를 만들 수 있다.
* 작업 중인 웹 사이트나 애플리케이션이 이메일 혹은 좀 덜 전통적인 틴더Tinder 같은 것이라면 카드 소팅은 좋은 방법이 아니다. 카드 소팅은 기대하고 있는 것들이 드러나도록 하는 것이지 새로운 것을 탄생시키는 것이 아니다.

이럴 때 카드 소팅이 필요하다

어떤 종류의 콘텐츠나 기능을 포함할지는 결정했지만 그것들을 어떻게 조합할지 실제적인 전략은 떠오르지 않을 때 활용하면 좋다.

사용자 프로필

마케터가 목표하는 특정 고객이 있는 것처럼 UX 디자이너에게도 사용자 프로필, 또는 페르소나^{persona}가 있다. 리서치에 기반한 사용자 상세 정보 같은 것이라고 보면 된다.

프로필이 아닌 것

먼저 페르소나, 또는 프로필이 아닌 것이 무엇인지 확실하게 알아두자.

- 성격 유형
- 인구통계학적 요소
- '브랜드 스토리' 내 캐릭터
- 경험에 기반한 고정관념
- 피상적이거나 1차원적인 것
- 콘셉트
- 예상

사용자 프로필/페르소나란

프로필, 또는 페르소나란 실제 사람들의 목표와 기대, 동기, 행동을 묘사한 것이다. 사용자들이 특정 웹 사이트에 방문하는 이유는 무엇일까? 무엇을 찾으러 왔을까? 그들을 초조하게 하는 것은 무엇일까? 필요한 모든 정보는 직접 조사한 리서치와 데이터 안에 담겨 있어야 한다. 만일 그 리서치와 데이터가 디자인을 뒷받침해주지 못한다면, 거짓을 꾸며내고 있는 것과 다를 바 없으니 그 일을 당장 멈춰야 한다.

나쁜 프로필

페르소나 A는 35~45세 중상위 소득의 남성으로, 보통교육 이상을 받았다. 그들은 한 명 이상의 자녀를 두고 있으며 한 대 이상의 교통수단을 소유하고 있다. 활발한 성격으로 커리어를 중요시하고 우뇌 사고형인 편이다.

이 프로필이 나쁜 이유

만약 광고를 만드는 중이라면 훌륭한 프로필일 수도 있겠지만, UX 작업을 한다면 위와 같은 프로필은 기본적으로 아무 쓸모가 없다. 왜냐고? 이 프로필을 통해서는 기능과 관련된 그 어떤 아이디어에 "아니요"라고 답할 수 없기 때문이다. 35~45세에 해당하는 남성에게 어떤 종류의 기능이 필요하겠는가? 아마 어떤 것이라도 가능할 것이다!

유용한 프로필

페르소나 B는 경력이 많은 매니저로, 한두 가지 전문 분야에 관심
이 있다. 그들의 방문 횟수는 높은 편이지만 시간에 쫓겨 주말에 읽
을거리를 모아둔다. 또 주로 트위터 같은 소셜미디어에 게시물을
많이 공유하는 특징이 있다. 그들은 스스로 오피니언 리더라고 생
각하기 때문에 대중에게 보이는 이미지를 중요시한다.

이 프로필이 유용한 이유

이제야 쓸 만한 정보들을 갖게 되었다! 페르소나 B에게 가벼운 콘
텐츠는 별 인기가 없으며 스스로 수집한 것들이 중요하다는 사실
을 알게 되었고, 콘텐츠 카테고리를 구성하기 위한 기초 지식을 갖
추었다. 그들은 공유하기 편한 기능을 원하며, 몇 가지 분야를 제외
하면 공유하는 것들의 주제는 모두 제각각일 것이다.

페르소나 B는 페이스북을 보는 데 시간을 쓰지 않으므로 페이스북
캠페인에 "아니요"라고 답할 것이다. 그리고 이들은 이미 충분히
바쁘기 때문에 잦은 알림보다는 '요약' 이메일(주간 활동 요약)이 더 효
과적일 것이다.

이상적인 사용자 모델을 만들어라

기능을 구상할 때 현실에서 만날 수 있는 가장 이상적인 버전의 사용자를 떠올려라. 사용자의 현재 행동 패턴을 유지하려는 것이 아니다. 사용자가 '이상적인' 버전으로 행동할 수 있도록 유도하려는 것이다.

또 모든 사용자는 다르다는 사실을 명심해야 한다. 몇 개의 다른 행동 그룹과 그에 적합한 유용한 프로필을 만드는 것이 필요하다.

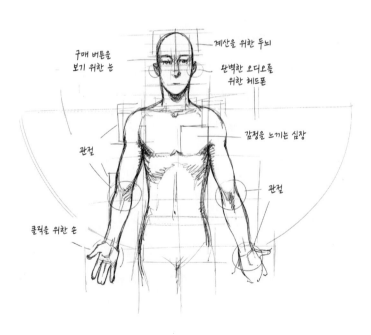

디바이스

우리는 오늘날 디바이스^{device}에 관해 이야기할 때 그저 단순히 휴대전화 한 대, 노트북 한 대를 생각하며 말하지 않는다. 다음 6가지 단계를 따라가면 다양한 디바이스를 디자인하는 데 도움이 될 것이다.

스텝 1: 손가락, 아니면 마우스?

이 내용은 여기서 자세히 다루지 않겠다. 레슨 70 '터치 vs 마우스' 에서 자세히 다룰 예정이다.

스텝 2: 작은 것부터 시작하라

많은 사람이 '모바일을 먼저' 디자인하는 이유는 모바일이 인기가 많기 때문이라고 생각한다. 어느 정도는 사실이지만 실제 이유는 따로 있다. 제일 작고 제일 전력이 낮은 디바이스를 먼저 디자인하 면 콘텐츠와 핵심 기능에 집중할 수 있기 때문이다. 이러한 과정을 통해 단순하고 아름다운 애플리케이션이나 웹 사이트를 만들 수 있다. 이와 반대로 큰 디바이스를 먼저 디자인하는 것은 마치 돼지

저금통 안에 마시멜로를 쑤셔 넣으려는 것과 같다. 단순하지도 않고 아름답지도 않다.

스텝 3: 이 디바이스만의 특별한 장점은 무엇인가

모바일 디바이스를 가지고 이동할 수 있게 되면서 놀랍게도 우리는 디바이스를 더 많이 사용하게 되었고, 디바이스를 사용하는 장소가 중요 요소가 되었다. 또 크기가 작아져 디바이스만 따로 이동하는 것이 한 가지 기능으로 자리 잡게 되었다. 반면 노트북은 이동하지는 않지만 좀 더 강력한 성능을 지니게 되었다. 거대한 화면과 키보드를 갖추었고, 마우스는 좀 더 세밀한 작업과 기능을 수행할 수 있도록 해준다. 종류가 다른 디바이스는 다른 사고방식을 요구하므로 '일관성'에 관해서는 크게 걱정하지 않아도 된다.

스텝 4: 소프트웨어를 고려하라

'맥^{Mac} vs PC'는 귀여운 광고 캠페인 이상의 의미를 지니고 있다. 디자인을 하기 전에 UX 가이드라인을 꼼꼼히 읽어야 한다. 그리고 iOS7과 윈도우8^{Windows8}은 iOS6와 윈도 비스타$^{Windows\ Vista}$와 엄연히 다르다. 어떤 버전을 지원할지 혹은 지원하지 않을지 선택해야할 수도 있다. 한 소프트웨어를 지원할 때마다 추후 그에 따른 디자인과 개발, 유지 보수 시간도 증가한다는 사실을 잊지 말아야 한다. 늘 염두에 두기 바란다.

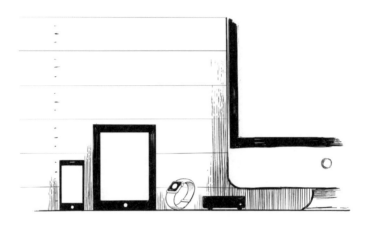

스텝 5: 상황에 맞춰라

그것은 웹인가? 다른 유형의 휴대전화를 지원하는가? 애플^{Apple}이
새로 출시한 아이폰이 약간 다르다면 어떻게 되는가? 웹 사이트든
애플리케이션이든 상관없이 현대 사회의 인터넷은 모든 디바이스
에서 작동한다. 디바이스별로 몇 개의 다른 레이아웃을 만들지, 아
니면 모든 유형의 디바이스에 완전히 반응하도록 디자인할지 결정
해야 한다.

스텝 6: 동시에 여러 개의 기기를 사용하는 상황에 대비하라

약간 어려운 내용일 수도 있지만 이제 잘 따라올 것이라 생각한다.
당신은 TV와 리모컨을 사용하듯, 스마트폰과 컴퓨터를 동시에 사용하는가? 같은 방에 있는 여러 개의 스마트폰이 한 대의 태블릿에서 재생되는 게임을 동시에 컨트롤할 수 있는가? 여러 개의 디바이스에 접속해 데이터를 주고받을 수 있는가? 한 디바이스의 위치가 다른 디바이스에서도 활용될 수 있는가? 디바이스 간 정보를 동기화하는 것은 어떤가? 실시간으로 작업하는 데 문제가 있는가? 2명의 사용자가 다른 디바이스를 통해 동시에 동일 계정에 접속하면 어떻게 되는가? 모두 생각해두어야 한다!

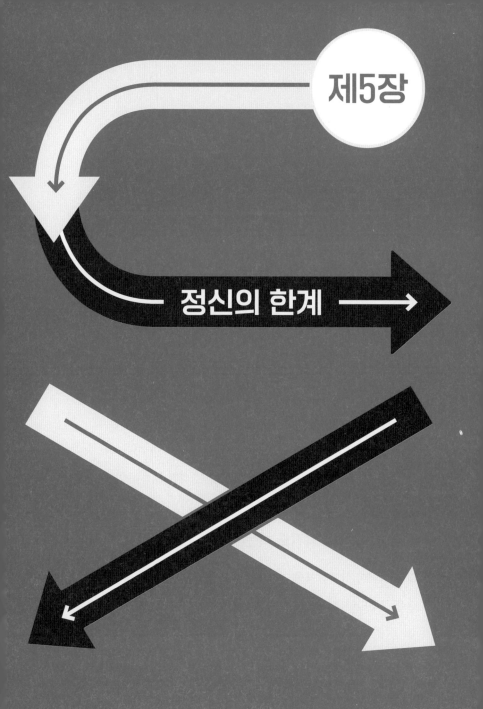

제5장

정신의 한계 →

직관

UX 디자인 업무를 하다보면 '직관적'이라는 말을 자주 듣는다. 이는 특별한 설명이나 교육 없이도 사용자가 바로 이해할 수 있다는 의미다.

사람들은 종종 직관을 '상식'이라고 하기도 하고, '감'이라고 하기도 한다. 그리고 자기가 직관을 가지고 태어났다고, 자기 직관이 늘 옳다고 믿는다. 그러나 모든 사람의 상식이 같지는 않다. 직관은 태어날 때부터 지니게 되는 감각이 아니다. 갓 태어난 아기가 좋은 UX 디자이너일 수는 없다. 직관은 경험에서 형성된 것이다. 모든 사람은 이전에 경험한 것들을 바탕으로 앞으로의 일을 기대한다. 직관, 으, 직관! 평범하다는 것은 상대적이다. 직관이 까다로운 것은 그 직관이 틀릴 수도 있기 때문이다. 정말, 정말 자주 그렇다.

가장 나쁜 적이 되기도 하는 "감"

많은 사람이 상대방에게 "네 감을 믿어봐"라고 말한다. 정말 바보 같은 조언이다. 사람은 기본적으로 자신의 감을 믿기 때문이다. 우리는 그렇게 살도록 태어났다. 그 말은 마치 "맛있는 걸 먹어"라고 말하는 것과 같다. 내가 의사는 아니지만 이 조언이 건강해지고 싶은 사람에게 유용한 조언이 아닐 거란 사실은 잘 안다.

자신의 감을 믿고 따라가면 아주 많은 경우, 틀린 답에 이르게 될 것이다. 감을 신뢰하지 않는 것만이 그러한 실수를 피할 수 있는 유일한 방법이다.

본인이 아닌 대다수의 감을 믿어라

UX 디자이너는 본인의 감을 따라서는 안 된다. 수천만 명의 사용자를 대상으로 할 때 '직관적'이라는 말의 의미는 대부분의 사람이 이해할 수 있다는 것을 뜻한다. 당신이 그 '대부분의 사람'에 속하든 속하지 않든 상관없이 말이다.

본인의 디자인이 직관적이라고 말하는 것은 거울에 비친 자신이 가장 똑똑하다고 말하는 것과 같다. 객관적으로 판단하기 위해서는 데이터와 사용자 피드백이 필요하다. 그것이 바로, 자신이 거울 속에서 가장 똑똑한 사람인지 확인할 수 있는 방법이다.

인지 편향

뇌는 시스템이다. 특정 유형의 정보가 입력되면 특정 유형의 결정을 내린다. 그러나 많은 시스템과 마찬가지로 의도하지 않은 정보를 제공하면 완벽하지 않은 결과를 얻을 수 있다.

영화 〈매트릭스$^{\text{The matrix}}$〉를 보았는가? 주인공 네오가 설계자를 만나는 장면에서 이전에 또 다른 네오들이 존재했다는 사실이 밝혀진다. 그들은 가끔 발생하는 '시스템적 오류', 시스템의 결함이다.

인지 편향도 이와 비슷하다. 사람들에게 특정 유형의 질문을 하거나 특정 방식으로 질문한다면 '직관 시스템'은 꽤 높은 확률로 잘못된 답을 택할 것이다. 그 '오류'를 UX 디자인에서 이용할 수 있다. 또 사용자가 원하는 것을 선택하도록 만들 수 있고, 대부분의 경우 사용자는 우리가 원하는 대로 선택할 것이다. 일을 제대로 한다면 말이다. 몇 가지 사례를 살펴보자.

앵커링 효과Anchoring Effect

당신이 제시하는 첫 번째 숫자가 다른 사람이 머릿속에 연상하는 두 번째 숫자에 영향을 미치는 것을 뜻한다. 예를 들어, 사람들에게 단순히 자선 활동에 기부해달라고 요청한다면 사람들이 내는 돈은 평균 2달러에 그칠 가능성이 크다. 그러나 10달러를 기부해달라고 '제안'한다면 기부금은 평균 5달러까지 오를 수도 있다. 기부자들의 머릿속에 10달러라는 특정 숫자를 심어둔 것 말고는 아무것도 바꾸지 않았지만 2달러가 적게 느껴지도록 만든 것이다.

일에 대한 보수를 인상하고 싶다면 목표를 높게 잡아라. 원하는 만큼 받지 못할 수도 있지만 시도하지 않을 때보다는 더 높은 보수를 받을 가능성이 크다.

밴드왜건 효과 ^{Bandwagon Effect}

더 많은 사람이 무언가를 믿을수록 사람들이 믿을 가능성이 커진다. 많은 사람이 믿는다고 해서 그 정보가 더 사실이 되거나 더 거짓이 되지는 않지만 뇌는 오류에 빠지기 쉽다. 당신의 어머니는 늘 이렇게 말씀하셨을 것이다.

"다른 사람이 다 다리에서 뛰어내린다고 너도 뛰어들래?"

이러한 점 때문에 사람들에게 얼마나 많은 사람이 '좋아요'를 눌렀는지 혹은 가입했는지, 게시물을 공유했는지 보여줘야 한다. 또한 이러한 점 때문에 수많은 인포머셜^{Informercial}(정보와 광고의 합성어—옮긴이)이 '100만 명이나 되는 사람이 틀릴 리가 없어!'라는 말도 안 되는 소리를 한다. 그들이 틀릴 수도 있다!

미끼 효과 ^{Decoy Effect}

내가 가장 좋아하는 주제 중 하나다. 신문을 구독하려고 하는데 다음과 같은 선택권이 주어진다고 가정해보자.

- 온라인 신문: 10달러
- 종이 신문: 25달러
- 온라인 신문 & 종이 신문: 25달러

어떤 게 가장 좋을까? 온라인 신문과 종이 신문을 함께 구독하는 것이 가장 좋을 거라고 생각할 확률이 80% 정도 될 것이다. 왜냐

고? 종이 신문 가격은 미끼이기 때문이다. 그걸 택할 사람은 아무도 없다. 그 선택지가 있는 이유는 가장 비싼 가격을 좋은 조건처럼 보이게 하기 위해서다. 종이 신문만 구독하는 것을 선택할 사람은 없겠지만 그렇다고 해서 그 항목을 삭제한다면 약 60%의 사람이 가장 싼 선택지를 고를 것이다.

합리적인 판단은 아니다. 편향된 선택이다. 만일 당신 나라에서 곧 선거가 치러진다면 신중하게 고려해야 한다.

이 세상에는 많은 유형의 인지 편향이 존재한다. 이 책에서 모두 다루기에는 지나치게 많다. 더 알고 싶다면 위키피디아에 올라와 있는 인지 편향 전체 리스트를 확인해보기 바란다.

선택이라는 환상

무엇을 디자인하든 사용자에게 선택을 맡겨야 하는 때가 오기 마련이다. 그것이 메뉴든, 가격이든, 상품 목록이든, UX는 그 선택에 영향을 미친다.

초보 디자이너들은 사용자들이 무작위로 선택한다고 생각한다. 사용자들이 아무거나 고른다고 말이다! 글쎄? 어느 정도는 그렇다. 그런데 사용자는 무작위로 선택할 수 있기는 하지만 그러지 않을 것이다. 그래서도 안 된다. 간혹 사용자가 선택한 것이 정말 중요하지 않을 때도 있고, 성공과 실패의 문제가 될 때도 있다. 언제나 사용자가 필요한 선택을 제공하는 데 힘쓰고 모든 것을 찾기 쉽게 만들어야 한다. 그러나 UX 디자이너로서 당신의 목표를 극대화하는 동시에 사용자의 편의를 희생시키지 않을 수도 있다.

알아두면 좋은 4가지 원칙을 소개하겠다.

1. 아무것도 선택하지 않는 것도 선택이다

이론적으로는 아무것도 선택하지 않는 것 또한 선택이다. 많은 선택권을 제시할수록 사용자는 선택하는 데 어려움을 느낀다.

이러한 상황을 '선택의 역설The Paradox of Choice'이라 한다. 사용자는 결정하기 어려워지면 그냥 떠날 것이다. 많은 선택권을 제시하는 것이 '모두를 위한 장치'라고 생각할 수도 있지만, 그건 그저 모든 사용자에게 미미한 동맥류를 초래하는 것과 다를 바 없다. 3가지 중 하나를 택하기는 쉽다. 하지만 30가지 중 하나를 택하는 것은 불가능하다.

2. 눈앞에 보이는 것이 전부다

대부분의 사람은 다른 선택권이 있어도 자신에게 제시된 선택권만 고려한다. 데이트 상대를 찾는 미국 TV프로그램 〈베첼러Bachelor〉에서 다음과 같이 말하는 사람을 본 적 없을 것이다.

"두 번째 장미는…… 카메라맨, 브루스에게 드리겠습니다."

브루스가 장미를 받을 만큼 멋진 남성일 수도 있겠지만 그는 선택 대상이 아니다. 만약 〈베첼러〉가 지구상에 있는 모든 사람을 선택할 수 있는 프로그램이었다면 큰 인기를 얻지 못했을 것이다. 디자인하는 것이 배송 방법이든, 구독 기능이든, 설문조사 질문지이든, 이 주제는 무척 중요한 문제다. 모든 선택은 사용자가 목표에 도달할 수 있도록, 그 선택들이 목표에 잘 부합하도록 디자인해야 한다.

3. 디폴트를 신중하게 설정하라

경제학 교수 댄 애리얼리Dan Ariely는 의사결정에 관한 테드Ted 강연에서 좋은 디폴트와 나쁜 디폴트를 사례로 들었는데, 이는 지금껏 내가 접한 설명 중 최고였다. 요약하면, 장기 기증을 하려면 따로 선택하도록 설정한 국가는 장기 기증자가 매우 적은 반면, 장기 기증을 하지 않으려면 따로 선택하도록 설정한 국가는 장기 기증자가 90%가 넘었다.

사용자에게는 무언가를 하는 것보다 하지 않는 편이 훨씬 쉽다. 그러므로 손이 가장 덜 가는 선택지가 기업의 입장, 그리고 이상적으로는 사용자의 입장에서도 가장 좋은 선택이 되어야 한다. 만일 사용자가 '어떤 것'이든 선택할 수 있는 상황이라면(일례로 원하는 만큼만 지불하는 상황처럼) 앵커링을 통해 사용자들의 마음속에 디폴트를 설정하는 것도 좋은 방법이다.

4. 여러 가지를 비교한 뒤 선택할 수 있게 하라

사용자는 여러 가지를 비교해보고 선택한다. 그러므로 당신이 선호하는 쪽이 더 나아 보이도록 비교군을 만들어야 한다. 이전 레슨에서 미끼 효과에 대해 배웠다. 그것도 선택을 유도할 수 있는 한 가지 방안이다. 몇 가지 방안을 좀 더 소개하도록 하겠다.

- 어떤 선택이 '가장 좋은지', '가장 인기 있는지', '가장 멋있는지' 보여주어라.

- 구독료를 '월 단위', '일 단위' 가격으로 제시하면 사용자는 연간 구독료를 월로 환산할 때 월간 구독보다 싸다는 것을 알 수 있다. 비록 연간으로 보면 더 비싸더라도 말이다.

- 어떤 유형의 사람들이 각각의 옵션을 선택하는지 알려줘야 한다. 어떤 게 좀 더 당신에게 필요할까? 상당수의 제품이 지위에 차등을 두는 '프로' 버전을 제공한다. 당신은 아마추어인가, 프로인가?

- 제품 기능을 목록에 올려놓아라. 그래야 프리미엄 버전 대신 무료 버전을 택할 때 어떤 것들을 '잃게 되는지' 사용자가 확인할 수 있다.

- 세일을 하라! 끊임없이! '정가'를 표시해 사용자들이 얼마나 '절약'할 수 있는지 확인할 수 있게 하라. 가장 수익성이 높은 제품에서 사용자들이 가장 많이 절약하는 것처럼 보이도록 가격을 구성하라.

계속 설명할 수도 있지만 이 정도로도 충분히 이해했을 것이라 믿는다.

관심

이번 레슨에서는 대부분의 사람이 잘못 생각하고 있는 단순한 아이디어에 관해 이야기해볼 것이다.

두뇌는 한 번에 한 가지 일만 의식적으로 실행할 수 있기 때문에 집중이 필요하다. 그 집중의 대상은 온종일 이것에서 저것으로 바뀐다. 이것을 '관심'이라고도 부른다. 모순적이게도 많은 디자이너가 관심에 대해 잊는다. 무척 간단한 문제 같지만 우리는 자꾸 이를 간과하는 경향이 있다. 내 경험에 의하면 사람들은 관심을 시한폭탄 같은 것으로 생각한다. 그래서 정해진 시간이 끝나기 전에 무엇이든 사람들의 흥미를 끌 수 있기를 바라면서 가능한 많은 것을 시도한다. 하지만 관심은 그런 식으로 작동하지 않는다.

관심은 스포트라이트와 비슷하다. 어떤 특정한 것을 겨눈다. 만약 다른 것을 지목하고 싶다면 먼저 겨누던 것을 중단해야 한다. 스포트라이트를 이동시키면 빛이 닿지 않는 다른 영역은 시야에서 사라지게 된다. 콘텐츠의 다른 칼럼들, 배너들, 또 다른 배너들, 그리고 커스텀^custom 배너들. 커스텀 배너는 당신이 사용자에게 광고하는 느낌이 나지 않도록 내부적으로는 다른 이름으로 부를 것이다 (여전히 배너인 건 사실이다). 스포트라이트를 옮기면 이런 것들은 관심에서 사라질 것이다. 만약 사람들이 무언가를 놓치지 않게 하고 싶다면 대상을 스포트라이트 곁으로 옮기거나 어둠 속에서도 명확하게 보일 수 있게 구성해야 한다.

사용자의 주의를 끌 수 있는 몇 가지 방법을 소개하도록 하겠다.

모션

모션은 시각 시스템 중에서도 가장 상위에 있어 무언가가 움직이면 반사적으로 그곳을 주목하게 된다. 그러나 모든 것이 움직이는 상황이라면 정지된 물체가 주목받게 된다.

서프라이즈

'놀람'이나 '기쁨'과는 다르다. 서프라이즈는 레슨 53에 나오는 패턴 깨기 이면에 숨은 원칙이다. 기대한 것과 다른 것을 맞닥뜨릴 때, 우리는 주목하게 된다.

큰 텍스트

대개 큰 텍스트는 디자인에서 '주요 정보'임을 뜻하므로 우리의 눈길은 자연스럽게 그곳을 향하게 된다.

사운드

청각 알람은 인터넷상에서 신경을 가장 거슬리게 하는 것 중 하나
일 수도 있지만 관심을 집중시키는 것은 사실이다. 이를 우아한 방
식으로 활용할 수 있다면 효과가 있다.

콘트라스트^{Contrast}와 색상

디자인 중 일부를 주변보다 더 도드라져 보이게 하면 사용자들은
그쪽으로 고개를 돌리지 않고도 금방 알아차린다. (이에 대해서는 레슨
51과 52에서 자세히 다루도록 하겠다.)

관심을 끌기 위한 희생

모션과 사운드를 동원해 메시지를 추가하는 등 다른 사람들의 이목을 끄는 행동은 사실 다른 것에 갈 수도 있는 관심을 뺏는 것이기도 하다. 주의를 '집중'하는 것은 실제로 '비용'을 치르는 것이다. 이를 '기회비용'이라고도 한다.

디자이너가 열심히 작업해 만든, 노래하고 춤추는 사용자 인터페이스^{UI}에 관해 사람들이 한마디씩 칭찬해준다면 기쁘기는 하겠지만, 그래서 사람들이 구매 버튼을 눌러야 한다는 사실을 까맣게 잊는다면 그것은 좋은 디자인이 아니다. 만약 어떤 UX 디자이너가 사용자가 경험할 수 있는 모든 것을 디자인하고 싶어 한다면 그는 관심이라는 것의 핵심을 놓칠 가능성이 크다.

UX는 완벽한 세상을 창조하는 작업이 아니다. UX는 우리(디자이너와 사용자)의 목표와 경쟁하는 모든 요소를 제거하는 작업이다. 좋은 UX는 더하는 것이 아니라 빼는 것이다.

당신이 UX 디자이너라면 작고 어두우며 방음이 잘되는 방에서 안락한 의자에 앉아 웹 사이트나 애플리케이션만 실행되는 디바이스를 사용하고 있을지도 모른다.

누가 아는가. 아마 당신은 이미 그러고 있을지도 모른다.

기억

우리가 기억하는 경험들은 완전하지도 않고, 정확하지도 않으며, 솔직하지도 않다. 심지어 사실이 아닐 때도 있다. 즉 사람들이 무엇을 기억할지 '디자인'할 수 있다는 뜻이다.

기억은 떠올릴 때마다 조금씩 변한다

사람은 기억에 의존해 수많은 결정을 내리지만 사실 기억하는 것과 실제 일어난 일이 전혀 다를 수 있다. 뇌가 비디오처럼 기억을 저장할 수 있는 것이 아니기 때문이다. 기억은 떠올릴 때마다 연상을 통해 재구성된다.

당신은 뱀파이어처럼 꾸민 채 학교에 가던 시절에서 벗어나 물리학 전문가가 되었을 수도 있다. 그러므로 이제 가짜 송곳니를 멋진 액세서리라고 생각하지 않을 것이고, 처음 물리를 접했을 때 어땠는지도 온전히 기억할 수 없을 것이다.

모든 기억은 공평하게 남지 않는다

강렬한 감정을 경험하거나 '참신한' 대상이 관심을 끌면 두뇌는 좀
더 집중하게 된다. 또 규칙이나 반복된 행동을 잘 기억하는 특징이
있다. 그것을 '관행', 또는 '습관', 또는 '근육 기억'이라 한다.

UX 디자이너로서

바로 위 세 문장을 디자인에 활용해야 한다. 기억 중 일부는 지금까지 배운
모든 기술을 활용해야만 겨우 머릿속에 남는다. 그러나 다른 일부는 경험
이 끝나면 그냥 자연스레 남는다.

편향을 통해 강조하라

나는 전작 《종합적 설득》에서 사람들의 기억을 바꾸는 방법에 관
해 이야기하는 데 한 장 전체를 할애했다. 몇 가지 유용한 정보를
공유하도록 하겠다.

좋은 부분을 상기시켜라

애플에서 맥북을 산다면 제품의 우수한 기능이 가득 적힌 이메일
을 받게 될 것이다. 분명 이메일을 받은 뒤 애초에 맥북을 사게 된
이유를 다르게 기억할 것이다.

습관이 되게 만들어라

클릭이나 터치 패턴을 만들 때는 사람들이 배우기 쉽고 반복할 수 있는 것으로 해야 한다. 틴더의 스와이프^{swipe}를 생각해보라. 처음에는 익숙하지 않겠지만 일단 사용자가 쉽게 할 수 있게 되면 확실히 기억하게 될 것이다.

개별화하라

많은 웹 사이트가 당신이 기존에 선택한 정보들을 활용해 다음에도 방문하게끔 독려한다. 내 핀터레스트 피드는 이제 80% 정도 내가 좋아하는 것들로 이루어져 있다. 처음 방문했을 때 내 마음에 드는 것은 10% 정도밖에 되지 않았다. 레딧^{Reddit}도 마찬가지다. 그런데 이런 것들은 기억하는 것이 아니라 그냥 아는 것이다.

리서치와 기억

인터뷰나 설문조사에서 사용자가 말하는 것들을 사실로 받아들여서는 안 된다. 그건 사용자가 받은 인상에 지나지 않는다. 나는 사용자들에게 바로 전에 방문한 웹 사이트가 무엇인지 묻는 설문조사를 진행한 적이 있다. 구글 애널리틱스$^{Google\ Analytics}$는 30% 이상에 해당하는 사람들이 5분 전 일인데도 잘못된 답변을 내놓았다는 사실을 보여주었다. 당신의 기억력도 마찬가지다. 인터뷰를 녹화하고, 다른 사람들도 알아볼 수 있도록 내용을 받아 적고, 출처를 포함한 조사 결과를 문서로 남겨야 한다.

잘못된 기억을 조심하라

믿든 믿지 않든 우리가 기억하는 것들이 완전히 틀릴 때도 있다. 그 일은 전혀 일어난 적이 없기도 하고, 실제 상황과 다르기도 하다. 유튜브를 통해 사람들이 실생활에서 겪은 잘못된 기억에 관한 영상을 쉽게 찾아볼 수 있다. 그래도 여전히 사용자들이 말하는 대로 하고 싶은가?

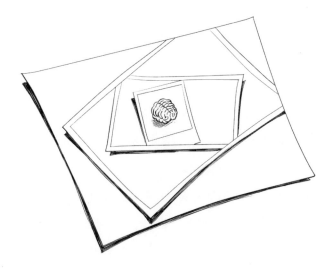

가치 폄하 효과

사용성은 UX 세계에서 큰 부분을 차지하며 대부분의 프로젝트에서 무척 중대한 요인으로 작용한다. 사용성의 근간이 되는 인지 편향은 미래와 우리 자신을 예측하는 방식에도 영향을 미친다.

'가치 폄하 효과^{Hyperbolic Discounting}'라는 단어는 다소 어려운 수학 용어처럼 들릴 수 있지만 사실은 꽤 단순한 개념이다. 현재 일어난 일이 미래에 일어날 일보다 더 중요하게 느껴지는 현상이다.

이는 사물의 가치를 인지하는 방식, 자신의 감정을 받아들이는 방식, 중요한 결정을 내리는 방식에 모두 적용된다. 사람들이 저축하지 않고, 예상보다 언제나 늦게 계획을 달성하는 이유는 바로 이 때문이다. 또 사람들이 살이 찌는 이유는 '당장' 눈앞에 있는 건강하지 않은 음식을 먹는 일이 '나중에' 살을 빼려고 운동하는 일보다 훨씬 쉽고 재미있기 때문이다.

사용성이란 기본적으로 사람들이 원하는 것에 '지금' 도달하게 하거나, 가능하면 적은 노력으로 원하는 바를 이룰 수 있게 하는 것이다. 더 많은 수고를 들여야 하거나 더 오래 기다려야 할수록 그 경험은 좋지 않은 것으로 여겨질 가능성이 크다.

동기 vs 시간

레슨 15 '감정이란'에서 시간이 어떤 방식으로 감정에 영향을 마치는지 알아보았다. 이제 시간이 동기에 어떤 영향을 미치는지 확인해보자.

누군가가 당신에게 지금 받으면 100달러를 주고 내년에 받으면 120달러를 주겠다고 제안했다고 가정해보자. 당신은 120달러가 분명 더 큰 금액임을 알고 있어도 지금 당장 받을 수 있는 100달러를 택할 것이다. 이번에는 어떤 물건이 지금 사면 100달러, 내년에 사면 50달러, 12개월 할부로 사면 월 10달러라고 가정해보자. 대부분의 사람은 매월 10달러를 지불하는 쪽을 택할 것이다. 그 방법이 '지금' 가장 적은 비용이 들기 때문이다. 총비용을 고려하면 가장 많은 비용이 드는 방법인데도 말이다(계산을 좀 해보라!).

두 얼굴의 사용성

UX에서는 '사용성'이라는 단어를 자주 사용한다. 대부분의 사람은 쉽고 빠르며 단순한 것을 원한다. 사용자가 지금 원하는 것은 그런 것들이다. 디자인을 할 때는 사용자가 최대한 쉽게, 신속하게 가장 중요한 행동을 실행할 수 있도록 하는 데 바탕을 두어야 한다. 그러나 시간이 많이 들고 감수성을 자극하지도 않는 비건설적인 행동 또한 디자인해야만 한다. 사람들이 특정 행동에 대해 매력을 덜 느끼도록 말이다. 페이스북이 하는 것처럼.

페이스북은 사람들이 계정을 중지하려고 할 때 그들의 마음을 바꾸기 위해 가치 폄하 효과를 이용한다. 계정 중지 과정은 길고 지루해 감정이 사그라들게 된다. 페이스북은 그 과정이 거의 끝나갈 때 이제 당신이 볼 수 없게 될 친구들의 사진을 보여준다. 친구들의 사진을 보는 순간, 과정이 너무 힘든 나머지 페이스북과 그와 관련된 모든 것을 불태우고 싶은 마음이 사라져버린다. 그리하여 실제로 누구도 과정을 막지 않았지만, 대부분의 사람은 계정을 중지하려던 것을 그만둔다.

제6장

인포메이션 아키텍처 →

인포메이션 아키텍처의 개념

지금까지 사용자와 UX를 이해할 수 있는 여러 가지 방법에 관해 이야기했다. 이번 레슨에서는 실제로 디자인을 해볼 것이다. 실제 솔루션을 디자인하기 위한 첫 번째 단계는 일반적인 구조를 만드는 것이다.

인포메이션 아키텍처[IA, Information Architecture]란 특정한 구조에 여러 정보를 입력하는 개념이다. 쉽게 말하면, 정보들을 조직화하는 것이다. IA는 작은 규모의 프로젝트에서는 비교적 단순하지만, 큰 규모의 프로젝트에서는 굉장히 복잡해진다. IA는 눈에 보이지 않으므로 이 작업을 시작하기 위해서는 사이트 맵[site map]을 그려야 한다.

다음 예시의 그림은 이 웹 사이트에 6개의 페이지가 있다는 것을 보여준다. 홈페이지, 2개의 메인 섹션[main section], 3개의 서브 섹션[subsection]. 이들을 잇는 선은 각 페이지가 메뉴와 버튼을 통해 연결되어 있다는 것을 나타낸다.

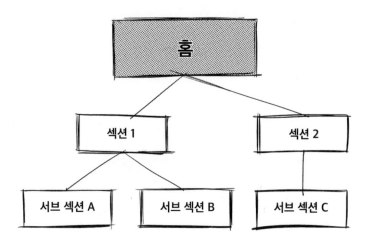

> **주의** 100만 명의 사용자가 있다고 해서 100만 개의 프로필 페이지를 만들 필요
> 는 없다. 하나의 프로필 페이지를 만들어 모든 사용자의 프로필을 보여줄 수
> 있다.

페이지를 가계도처럼 조직화한 것을 '계층^{hierarchy}' 혹은 '트리^{tree}'라
고 한다. 대부분의 웹 사이트와 애플케이션은 이처럼 구성되어 있
다(그러나 이것이 유일한 방법은 아니다).

사이트 맵을 도식화하는 데 '규칙'은 없지만 몇 가지 일반적인 가이
드라인을 소개하겠다.

* 단순하게 만들었다고 해서 이해하기 쉬운 것은 아니다.
* 깔끔하고 읽기 쉽게 구성해야 한다.

- 보통 상위에서 하위 방향으로 작성하며, 왼쪽에서 오른쪽으로 작성하지 않는다.
- 사이트 맵을 화려하게 꾸밀 필요는 없다. 이것은 기술적인 문서이지 패션쇼가 아니다.

플랫^{Flat} 혹은 딥^{Deep}, 둘 다 할 수는 없다

당신이 만드는 사이트 맵은 매우 '플랫'하거나 '딥'한 것 중 하나가 될 것이다. 플랫은 메뉴에 많은 항목을 포함하지만 세부로 들어가는 데 많은 클릭이 필요하지 않다. 반면 딥은 메뉴는 단순하나 원하는 것을 찾기 위해 클릭을 여러 번 해야 한다. 다음 그림을 보면 2가지 구조 모두 동일한 수의 페이지가 필요하다는 사실을 알 수 있다. 동등하지만 다른 구조다.

월마트처럼 제품이 많은 기업의 웹 사이트는 딥 아키텍처가 필요하다. 그렇지 않고는 상단 메뉴가 터무니없이 많이 늘어나게 된다. 유튜브와 같은 웹 사이트는 다루어야 할 대상이 사용자와 영상뿐이므로 보통 플랫 아키텍처를 택한다. 만약 당신의 웹 사이트가 딥 아키텍처와 플랫 아키텍처를 모두 취하고 있다면 디자인이 잘못된 것이다. 아마도 목표를 단순화하거나 검색을 쉽게 할 수 있는 핵심 기능을 디자인해야 할 것이다.

플랫

딥

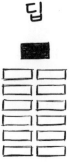

모든 것은 '3번의 클릭 안에' 해결되어야 한다는 이야기를 자주 들었을 것이다. 그런 이야기를 하는 사람들은 1990년대에 UX를 배우고는 그 이후에 아무것도 새로 배우지 않았을 것이다. 그들의 말에 귀 기울이는 대신 사용자에 주목하라. 사용자 스스로 늘 자기가 지금 어디에 있는지, 또 어디로 갈 수 있는지 알 수 있게 하라. 내비게이션이 쉽고 명료하다면 클릭 수는 문제가 되지 않는다.

사용자 스토리

인포메이션 아키텍처가 언제나 설명하기 쉬운 것은 아니다. 그럴 때 많은 사람과 이에 대해 토론하고 관련 주제를 머릿속에서 자유롭게 생각해보는 것이 좋다. 사용자 스토리는 이럴 때 도움이 된다.

사용자 스토리는 한 사용자가 당신의 웹 사이트나 애플리케이션에서 선택할 수 있는 한 가지 경로를 묘사한다. 그것은 짧지만 완벽해야 한다. 전체 디자인을 완성하기 위해서는 사용자 스토리가 매우 많이 필요하다.

구글 사이트를 이용하는 기본적인 사용자 스토리는 다음과 같다.

1. 사용자가 메인 검색 페이지에 접속한다.

2. 찾고 싶은 내용을 검색창에 입력하고 마우스나 키보드를 이용해 이를 제출submit한다.

3. 다음 페이지는 검색한 결과를 관련성이 높은 순서대로 나열해 목록으로 보여준다.

4. 사용자는 첫 번째 페이지에 있는 웹 사이트 링크를 클릭할 수도 있고, 원하는 결과가 나올 때까지 검색 결과 페이지를 좀

더 넘기며 찾아볼 수도 있다.

너무 단순하게 설명했지만 이제 사용자 스토리의 개념을 이해했을 것이라 생각한다.

이 스토리의 어떤 부분도 특별히 문제를 해결하거나 관련 행동을 디자인하는 방법을 설명해주지 않는다는 사실을 주목하라. 그저 이런 일이 일어날 수 있다는 사실을 보여주는 것이다. 스토리의 목적은 플로우^{flow}를 보여주는 데 있다. 최종 UI가 아니라 연속적으로 일어나는 사용자 선택을 보여준다.

만약 플로우가 단순하고 효과적이라면 일을 제대로 하고 있는 것이다(아직까지는). 간혹 관리자들은 사용자 스토리를 통해 디자이너에게 UX를 지시한다고 생각하는 경우가 있는데, 이는 완전히 틀렸다. 왜냐고? UX 디자이너가 팀과 소통하기 위해 사용자 스토리를 쓰는 것이지 그 반대가 아니다. 사용자 스토리는 기본적으로 기능이 담긴 목록이며 최종 솔루션에 큰 영향을 미치기 때문이다. 그건 마치 밥 로스$^{Bob\ Ross}$(미국의 유명 화가―옮긴이)에게 어떤 색을 사용해야 하는지 명령하는 것과 같다!

인포메이션 아키텍처의 유형

많은 정보를 구조화하는 데에는 여러 가지 방법이 있다. 콘텐츠나 프로젝트 목표의 종류에 따라 어떤 구조가 더 나을 수도, 더 나쁠 수도 있다.

좋다! 이제 사용자 스토리도 쓸 수 있게 되었으니 IA를 스토리 안에 대입해볼 차례다. 페이지 구성은 사용자 스토리의 단계를 결정한다. 또 페이지를 구성하기 위해서는 작업할 IA의 유형을 하나 결정해야 한다(두세 개가 될 수도 있지만 지금은 간단한 예로 들겠다).

IA는 다음을 포함한다.

- 카테고리
- 태스크
- 검색
- 시간
- 사람들

지금부터 하나씩 자세히 살펴보자.

카테고리

에이치앤엠^{H&M}과 같은 리테일 상점을 떠올려보면 남성, 여성, 아동 등 몇 개의 카테고리로 이루어진 메뉴를 상상할 수 있을 것이다. 특정 카테고리를 클릭할 때 그에 어울리는 내용을 기대하게 된다. 이것이 일반적인 IA 유형이다. 그러나 은행 상품이나 산업용 화학 제품, 섹스 토이(친구가 알려줬다)처럼 카테고리가 복잡해지면 당신과 사용자는 각각의 카테고리 안에 무엇이 담겨야 할지 다르게 생각할 수 있으며, 그 지점에서 혼란이 발생한다. 만약 섹스 토이를 원한다면 '배터리 충전식' 카테고리일까, 아니면 '어둠 속에서 빛나는' 카테고리일까? 인생은 어려운 질문의 연속이다.

태스크

웹 사이트나 애플리케이션을 구조화하는 또 다른 방법은 사용자들의 목표에 따라 구성하는 것이다. 만일 은행 관련 작업을 하는 중이라면 '예금, 대출, 투자, 지원, 계좌 개설'과 같은 단순한 메뉴로 구성할 수 있을 것이다. 사용자들이 원하는 것이 확실하다면 가장 적합한 유형이다. 그러나 조심해야 할 점은 사용자들이 언제나 스스로 앞날을 선택할 수 있을 만큼 충분히 알지 못한다는 사실이다.

이런 점을 고려하면 동일한 회사라도 태스크 중심의 웹 사이트와 카테고리 중심의 웹 사이트는 매우 다르게 구성될 수 있다는 점을 알게 될 것이다. 인포메이션 아키텍처는 무척 중요한 선택이다.

검색

웹 사이트가 너무 복잡하거나 사용자 생성 콘텐츠가 주를 이룬다면, 유튜브와 같은 검색 중심의 아키텍처가 더 적합하다. 유튜브가 재미, 슬픔, 광고, 영화 등과 같은 카테고리로만 구성되어 있다면 실제로 이용하기 굉장히 어려울 것이며, 카테고리 수정에 많은 작업이 요구될 것이다.

시간

이제 막 UX를 접했다면 이 내용은 약간 혼란스러울 수 있다. IA는 시간에 따라 변하도록 디자인할 수도 있다. 가장 간단한 버전은 받은 편지함인데, 메시지들이 도착한 순서대로 나열된다. 이것이 바로 '시간 기반의 IA 디자인'이다. 당신은 웹 사이트 내에 '실시간 인기, 보관, 나중에, 최신' 등으로 분류하는 페이지를 만들 수 있다.

사람들

페이스북을 포함한 소셜 네트워크는 사람에 기반한 IA다. 모든 페이지가 누군가의 정보에 관한 것이며, 사람들 사이의 관계를 나타내는 방식으로 디자인되어 있다. 페이스북에서 한 계정의 프로필에 들어가 보면 사진, 친구, 장소로 구분되는 카테고리를 이용해 콘텐츠를 구조화하고 있다.

정적 페이지와 동적 페이지

어떤 페이지는 누구에게나 늘 똑같이 보인다. 반면 어떤 페이지는 모든 사용자에게 다르게 보인다. 이 2개의 다른 레이아웃은 2개의 다른 디자인 사고를 요구한다.

정적 페이지란

정적 페이지(또는 화면)는 디지털 레이아웃의 가장 기본적인 형태다. 이 페이지는 언제든, 누구에게든 동일하게 보인다. 하드코딩hardcoded 되어 있기 때문이다.

현실적인 예로 당신이 열세 살 때 만든 웹 사이트를 들 수 있다. 레이아웃은 엉망이고, 아무렇게나 만든 애니메이션 옆에는 롤 모델의 사진이 있으며, 또 그 옆에는 이제 다 컸다고 생각하는 열세 살의 솔직하고 매력적인 자기소개 같은 것들이 채워져 있었을 것이다. 아니면, 뭐, 당신의 포트폴리오 이미지를 예로 들 수도 있겠다.

정적인 페이지가 더 나쁘다는 건 아니다. 단지 좀 더 단순할 뿐이다. 애플 웹 사이트의 수많은 제품 페이지는 사진과 문장으로만 이루어진 정적 페이지다. 굳이 복잡하게 만들 필요는 없다.

동적 페이지란

동적 페이지는 항상 같은 모습을 하고 있지 않고 늘 변한다. 예를 들면 다음과 같다.

- 동적 페이지는 당신의 선택에 따라 반응한다. 결제 과정 중에 당신이 좀 더 비싼 배송 방법을 선택하면 그 페이지를 나가지 않고도 전체 결제 금액이 자동으로 변한다.

- 동적 페이지는 사용자에 따라 다르게 보일 수 있다. 모든 사용자의 페이스북 프로필은 같은 페이지 내에서도 다른 콘텐츠를 보여주는데, 그건 그 페이지가 동적으로 디자인되어 있기 때문이다.

- 동적 페이지는 다양한 콘텐츠를 담는 템플릿 역할을 할 수도 있다. 〈뉴욕타임스New York Times〉 웹 사이트의 모든 기사는 템플릿으로서 동일한 페이지를 사용하면서도 그 페이지는 당신이 매번 선택하는 기사 내용으로 채워진다.

내용 vs 컨테이너^{Container}

정적 디자인은 정밀한 레이아웃에 가깝다. 정적 디자인 자체는 별다른 일을 하지 않기 때문이다. 당신이 디자인한 그것은 뭐랄까⋯⋯ 딱 그 자리에 앉아 있는⋯⋯ 형태다. 마치 당신의 상사처럼! 동적 페이지를 만들기 위해서는 내용이 아니라 내용을 담는 컨테이너를 디자인해야 한다. 그러니 절대 정밀할 수가 없다. 모든 형태의 헤드라인을 위한 여백, 모든 형태의 제품 이미지를 위한 여백, 15,000개의 게시물을 위한 여백을 담아야 하기 때문이다. 게시물은 아기일 수도, 저스틴 비버^{Justin Bieber}일 수도, 라테 아트일 수도, 아기인 비버일 수도, 라테 아트인 비버일 수도 있다. 정말 끝이 없다. 컨테이너는 길이(단문 기사, 장문 기사)와 넓이(단문 헤드라인, 장문 헤드라인)가 모두 제각각일 수 있으며 아예 여백으로만 되어 있을 수도 있다!

실패하지 않는 시나리오를 만들어라

헤드라인이 너무 길어 레이아웃이 틀어진다면 레이아웃을 아예 변경하거나 헤드라인을 길게 작성하지 못하도록 디자인하라. 또 사진 크기가 너무 작아 레이아웃이 완전히 틀어진다면 역시 레이아웃을 변경하거나 너무 작은 사진은 업로드하지 못하게 하라.

일반적으로는 당신이 레이아웃을 변경하는 것이 좋다. 그러나 유용한 제한을 두는 것도 두려워할 필요는 없는데, 이를 통해 사용자들이 좀 더 효과적인 선택을 할 수 있기 때문이다. 트위터의 140자 글자 수 제한은 누구에게도 나쁘지 않았다. 다만 "레이아웃은 원래 이렇게 만드는 겁니다"라고 말하며 사용자에게 불필요한 제한을 강요하는 디자이너는 되지 말아야 한다. 사람들은 그런 디자이너를 좋아하지 않는다.

플로우

사용자를 A에서 B로 이동하도록 하려면 사용자가 목적지에 도달하는 방법을 디자인해야 한다. 당신은 분명 사용자를 A에서 B로 이동시키고 싶을 것이다.

사용자들이 뉴욕에 있는 그랜드센트럴역과 같은 물리적 공간에 있다고 상상해보자. 역 주변에는 사람들이 많이 다닐 것으로 예상되는 길이 몇 개 있을 것이고, 당신이 그 역을 설계 중이라면 사람들이 쉽게 이동할 수 있도록 해야 한다.

애플리케이션이나 웹 사이트도 비슷한 개념이라고 보면 된다. 당신이 만든 인포메이션 아키텍처를 통해 수많은 사람이 길을 잃거나 막히지 않고 움직일 수 있어야 한다. 그들이 원하는 곳으로 더 쉽게 플로우할수록 디자인이 역할을 잘하고 있다는 증거이며, 사용자는 더 만족하게 될 것이다. 사용자가 결제 과정에 있든, 페이스북 가입 과정에 있든, 당신의 포트폴리오상의 프로젝트에 있든, 이것은 생각해볼 만한 중요한 문제다. 사람들이 정문에서 기차로, 한 기차에서 다른 기차로 이동하는 것처럼 애플리케이션이나 웹 사이트 또한 고려할 수 있는 일반적인 경로가 있을 것이다.

클릭 수나 페이지 수를 세지 마라

그랜드센트럴역의 설계자는 사람들이 몇 걸음을 걸어야 하는지, 얼마나 많은 출입구를 지나야 하는지 세지 않았다. 왜일까? 그러한 정보는 중요하지 않기 때문이다. 그보다는 사람들에게 필요한 정보를 필요한 때에 제공해 그들이 언제 어느 쪽으로 돌아가 기차에 올라탈 수 있는지를 알려주는 것이 더 중요하다. 페이지가 많은 플로우처럼 긴 복도는 길어도 사람들이 매우 쉽게 이용할 수 있다. 반면 복도가 짧더라도 너무 많은 표지판이 있으면 그 길이 '유일한' 길인데도 복잡한 메뉴가 많은 웹 사이트처럼 혼란스러울 수 있다.

'막다른 길'을 만들지 마라

한 무리의 사람들을 출구가 없는 복도로 몰아넣는다면 문제가 생길 수밖에 없다. 특히 누군가가 방귀를 뀐다면 더더욱! 사용자가 목적지를 향해 서너 개의 페이지를 거쳤는데 도착한 곳에 '다음 단계'가 없다는 것을 알게 되면 그냥 포기하거나 당황하거나 화를 낼 것이다. 언제나 다른 곳으로 이동할 수 있는지 확인하고 사용자가 그곳에 가는 방법을 분명히 알 수 있게 해야 한다.

사용자는 뒤로 가지 않는다

많은 사람이 사용자가 필요한 것을 찾기 위해 처음 시작했던 페이지로 돌아가거나 뒤로 가기 버튼을 사용할 것이라고 생각한다. 완전히 잘못된 생각이다.

사용자는 인내심이 강하지 않다

많은 디자이너가 자신의 디자인을 이용하는 사용자들은 설명을 모두 읽고, 메뉴 아이템을 모두 확인하고, 필요한 것을 찾기 위해 웹 사이트 가장 아래까지 훑어볼 것이라고 생각한다. 과연 그럴까?

사용자는 인질로 잡혀 웹 사이트를 잘 보지 않으면 물고문을 당하게 될 것이라고 협박받더라도 그렇게까지 샅샅이 보지 않을 것이다. 사용자는 자신이 원하는 것을 찾지 못하면 버튼을 몇 번 더 눌러보다 그대로 떠나버릴 가능성이 크다. 뒤로 가기 버튼을 포함해서 말이다.

'뒤로 가기' 버튼을 자주 누르는 건
좋지 않은 신호다

사용자가 목적지를 찾아가는 데 있어, 당신은 자신의 웹 사이트를 여러 개의 가지가 달린 나무라고 생각하겠지만, 사용자들은 당장 자기 눈앞에 보이는 내비게이션 옵션이나 이미 눌러본 옵션들만 떠올릴 수 있다.

만약 사용자가 뒤로 가기 버튼을 눌렀다면 그건 마지막에 했던 행동을 되돌리고 다른 단계를 시도해보려는 것이 아닌, 이제 더는 뭘 해야 할지 완전히 모르겠다는 의미다. 사용자에게 뒤로 가기 버튼이란 '중지' 버튼이나 '아니요' 버튼과 같다. 사용자 테스트 중 사용자가 뒤로 가기 버튼을 자주 누른다면 그가 원하는 것을 찾지 못하고 있다는 의미다. 그나마 당신이 지켜보고 있으니 그런 것이고, 혼자 있었다면 그냥 떠나버렸을 것이다.

루프loop를 만들어라

내가 '루프'라고 말할 때는 다음을 의미한다.

- A페이지는 B페이지와 연결되어 있다.
- B페이지는 C페이지와 연결되어 있다.
- C페이지는 A페이지와 연결되어 있다.

이 루프가 당신의 포트폴리오 사이트라고 가정해보자. A페이지는 당신이 현재까지 해온 작업 카테고리다. B페이지는 한 카테고리 안에 있는 프로젝트 리스트를 보여준다. C페이지는 한 프로젝트에 관한 세부 내용이다. 사용자는 하나의 카테고리를 고르고, 그다음에는 프로젝트를 고르고, 그다음에는 세부 내용을 모두 읽은 뒤 다시 A페이지의 카테고리로 돌아간다. 이때 뒤로 가기 버튼은 전혀 사용하지 않는다. 사용자는 당신의 전체 포트폴리오를 훑어보는 동안 뒤로 이동할 필요성을 느끼지 못했다.

사용자가 언제나 앞으로 이동하며 클릭할 수 있다면 그들은 멈추거나 어디로 가야 할지 결정하지 않아도 된다. 결정은 힘든 일이다. 반면 같은 일을 반복하는 것은 쉽다.

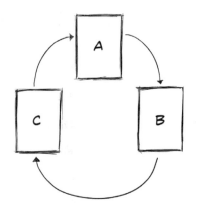

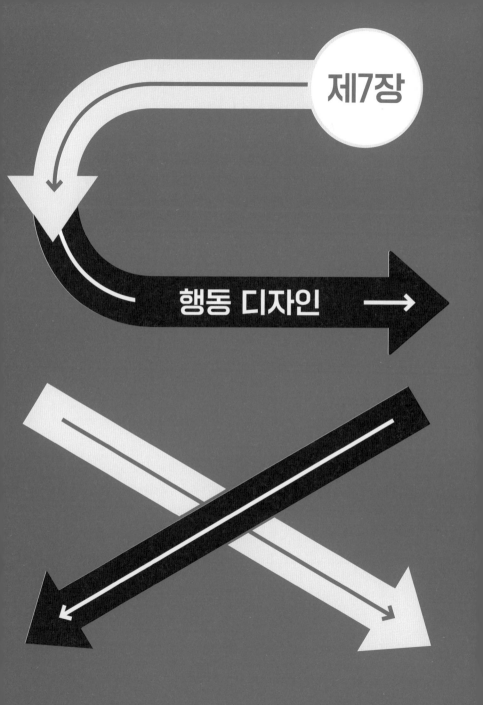

제7장

행동 디자인

LESSON 44

의도대로 디자인하기

UX 디자이너라면 마음속에 항상 목표를 가지고 있어야 한다. 자신의 목표와 사용자의 목표! UX 기술(또는 기술 부족)은 UI 디자인과 다르게 이 2가지 목표를 얼마나 잘 달성했는지를 통해 평가될 수 있다.

- 사용자가 어떤 행동을 하기를 원한다.
- 사용자는 어떤 행동을 하기를 원한다.
- 이 두 행동은 일치하지 않을 수도 있다.

UX 디자이너로서

이 2가지 행동을 일치시켜야 한다. 그렇게 되면 사용자가 목표를 달성할 때 본인 또한 목표를 달성한 것과 같게 된다. 즉 지금 예술 작품을 만드는 것이 아니라는 뜻이다. 목표는 명확하다. 상점의 목표는 물건을 파는 것이다. 소셜 네트워크의 목표는 가입자 수를 늘리고 사회적 교류를 증대하는 것이다. 포르노 사이트는…… 음, 이제 내 말을 이해했을 것이다.

UI 디자이너와 같은 시각 디자이너는 인터페이스 자체를 디자인한다. 그 일은 중요하지만 그 결과물에 대해서는 모두 다른 의견을 가질 수 있다. 그러한 의견 중 상당수는 모호하고 쓸모없지만.

UX 디자이너는 일이 작동하는 방식을 디자인한다. 쉽게 말해, 사용자 행동 말이다. 행동 자체를 볼 수는 없지만 그것을 측정할 수는 있다.

좋은 결과를 얻고 싶다면 동기를 부여하라

UX의 거대하고 새로운 개념을 접했다면 디자인에 있어 적극적인 주체가 되었다는 것을 의미한다. 이제 사용자들이 무엇을 선택하고, 클릭하고, 좋아하고, 행동하는지를 예측하고 통제할 수 있다.

UX는 과학이다. 결과가 중요하다. 그러나 좋은 결과를 얻기 위해서는 사용자들이 효율적으로 행동할 수 있도록 동기를 부여해야 한다. 이 말은 어떤 UX 디자인은 다른 디자인보다 '더 옳을' 수 있으며, 그건 사람들이 어떤 디자인을 더 좋아하느냐와는 상관없다는 뜻이다. 그리고 우리는 이를 증명할 수 있다. 사용자들은 종종 잘못된 디자인을 더 선호하기도 한다(이에 관해서는 레슨 33 '인지 편향이란'에서 살펴보았다). 많은 사람이 이 사실을 받아들이는 데 어려움을 겪는다. 다음에 이어지는 5개의 레슨에서는 사람들이 가상의 보상에 빠지게 하는 방법, 종만 울려도 침을 흘리게 하는 방법, '바이럴viral'을 형성하는 방법, 중독성 강한 게임을 만드는 방법, 당신의 디자인과 콘텐츠를 신뢰하게 하는 방법 등을 배우게 될 것이다.

보상과 처벌

만약 심리학이 수학이라면 이 레슨은 덧셈과 뺄셈에서 곱셈과 나눗셈으로 넘어가는 과정에 해당한다. 이를 배우고 나면 시간 흐름에 따라 강화되는 행동을 디자인할 수 있다.

감정을 불러일으켜라

대부분의 사람은 보상과 처벌의 개념에 익숙하다. 쉽게 말하면 보상은 좋은 것이고 처벌은 나쁜 것이다. 많은 사람이 보상과 처벌이 물질적인 것이 아니라 감정이라는 사실을 잘 이해하지 못한다.

학교생활을 성실히 한 보상으로 부모님에게 장난감을 선물 받은 적이 있는가? 분명 그 장난감은 당신을 기쁘게 해줬을 것이다. 반면 친구와 작당해 다른 친구를 괴롭혔다면 그 벌로 장난감을 빼앗겼을 수도 있다. 그러나 벌이었던 것은 부정적인 감정이지 장난감 자체는 아니다. 우리는 그 감정에 관심을 가져야 한다.

즉 보상과 처벌은 감정이다. 당신은 수백만 가지 방법으로 그 감정을 불러일으킬 수 있다.

피드백을 통제하라

감정에 관해 깜짝 놀랄 만한 점은 일어난 사건에 대해 뇌에 피드백을 주는 것은 바로 당신의 뇌라는 사실이다.

그러나 디자이너인 당신은 일어나는 일들을 통제할 수 있다. 당신이 생각하기에 좋은 행동에는 보상을 하고 나쁜 행동에는 처벌을 함으로써 사용자를 훈련시킬 수 있다. 이것은 꽤 강력한 도구다. 우리가 아는 모든 것은 이 방법을 통해 배웠다.

학습 = 연상 = 믿음

심리학 모델에서 마지막으로 가장 중요한 부분은 연상 개념이다. 우리는 무엇이든 긍정적으로 혹은 부정적으로 연상하는 법을 학습한다. 제일 좋아하는 색깔, 행운의 숫자, 매력적이라고 생각하는 사람의 유형 등이 모두 예가 될 수 있다.

사람들은 그러한 것들을 긍정적인 감정과 '연관' 짓는데, 그 이유는 과거에 보상을 경험했을 때 그것들과 관련이 있었기 때문이다. 그렇게 연관 짓는 것이 실제로는 잘못된 믿음에 불과할 때조차도 말이다.

처벌도 부정적인 연상을 통해 같은 방식으로 작용한다. 종교를 포함한 믿음이 이렇게 만들어진다. 만약 광신적 종교 집단을 만들고 싶다면 다음 레슨을 무척 좋아할 것이다.

UX 디자이너로서

사용자가 처음 당신의 디자인을 접했을 때는 자신의 자연스러운 연상 기억과 신념을 가진 상태일 것이다. 그것들을 이용하라. 그러나 UX, UI, 브랜딩, UX 라이팅 등을 통해 특정 연상 작용도 만들어내야 한다. 사용자들이 좋은 감정과 나쁜 감정을 느낄 때를 주목하라. 시간이 지나면서 보상과 처벌이 사용자에게 고착되는 연상과 행동을 만들어낼 수 있는데, 이는 참여를 증대시킬 수도 있고, 회사를 망하게 할 수도 있다.

혹시 사람들이 하루에 몇 시간씩이나 페이스북을 하면서도 왜 구글플러스$^{Google+}$를 이용하지 않는지 궁금했다면 이제 그 이유를 알았을 것이다.

조건 형성과 중독

UX 디자이너가 할 일은 경험을 창조하는 것이지 관찰하는 것이 아니다. 그러므로 사용자가 자연스럽게 하는 행동에 대한 보상과 처벌 이상의 조치를 취해야 한다. 사람들이 새로운 것을 시도하고 이를 '영원히' 지속할 수 있도록 돕는 훈련법을 마련해야 한다.

"첫 시식은 무료입니다"

한 번도 맛보지 않은 것에 중독되는 사람은 없다. 그러므로 사용자가 방문하면 그 즉시 그가 긍정적인 감정을 느낄 수 있도록 만들어야 한다. 이 기술을 완전히 터득한 후에 제품을 출시해야 한다.

> **중요** '처벌'이 고통스러울 필요는 없다. 처벌을 비용으로 생각해보라. 그것은 노력이나 돈일 수도 있다. 만일 보상이 충분히 가치가 있다면 사람들은 보상을 얻기 위해 약간의 일을 하거나 비용을 지불할 것이다. 그러나 첫 번째 보상은 무료로 제공되어야 한다. 언제나.

조건 형성의 종류

고전적 Classical

당신이 선택한 신호를 기존 행동과 연결시켜라. 예를 들어 종소리가 울릴 때 음식이 나온다고 가정하자. 음식을 본 개는 침을 흘린다. 이를 여러 차례 반복하면 개는 종소리만 들어도 음식을 기대하고 침을 흘리게 된다. 즉 종소리가 침 흘리는 행동을 불러오는 것이다. 만약 당신의 목표가 침을 흘리게 하는 것이라면(그건 무척 이상한 애플리케이션일 것이다) 원하는 때가 언제든 반응을 유도할 수 있다.

조작적 Operant

아무 행동이나 골라 상을 주거나 벌을 주어라. 당신이 새로운 웹 사이트를 찾아 평을 썼다고 가정해보자. 10명이 그 평을 좋아한다. 좋다! 당신이 또 다른 평을 쓴다. 15명이 좋아한다. 와! 이제 당신은 그 일에 푹 빠졌다. 세 번째 평을 쓴다. 어떤 사람이 당신을 멍청이라고 한다. 음…… 그럼 더 이상 평을 쓰지 않는다. 그다음 평은 처음 2개와 비슷할 확률이 크다. 6명이 좋아한다. 이제 당신은 길들여졌다.

보상과 처벌의 종류

누군가에게 좋은 것을 제공하거나 나쁜 것을 제거하는 방식으로 보상할 수 있다. 예를 들어 당신이 좋은 행동을 한다면 내가 간식을 줄 수도 있다. 아니면 당신 신발에 개똥을 넣는 행위를 그만둘 수도 있다. 어떤 방식이든 당신의 경험은 더욱 나아진다. 둘 다 효과가 있다.

그러나 당신이 내가 좋아하는 100가지 행동을 한다면 100개의 간식을 받을 수 있다. 아니면 그저 신발에 똥이 묻지 않은 상태로 있을 수 있다.

UX 디자이너로서

주는 것에 집중해야 한다. 그래야 시간이 지날수록 진전이 있음을 느낄 수 있다. 게다가 사용자는 충실한 고객이 될 것이다.

사용자 행동을 형성하라

크고 복잡해 보이는 행동도 작은 것에서부터 시작된다. 비둘기가 볼링을 배우길 바라는가? 문제없다. 비둘기가 공 가까이 갈 때마다 상을 주어라. 그리고 공에서 멀어질 때마다 벌을 주어라. 지속해서 훈련해야 한다. 이제 훈련을 한 단계 높여 공을 건드릴 때만 상을 주어라. 다음 단계에서는 공을 밀어낼 때 보상을 하라. 기타 등등. 결국 그 비둘기는 팀과 하이파이브도 하고 맥주도 마시게 될 것이

다. (이 실험은 심리학자가 실제로 진행했으며 그 과정에서 다친 비둘기는 없었다. 나는 그 비둘기들의 볼링 점수를 살짝 부러워했다.)

타이밍이 중요하다

당신의 디자인은 자주 사용자에게 얼마나 보상을 주는가?

정기적으로

사용자가 매번 혹은 '몇 번 중 한 번' 규칙적으로 보상을 얻는다면 그것을 월급처럼 당연하게 여기게 될 것이다. 그렇게 되면 다시 빼앗기 어려운 문제가 있지만 한편으로는 사용자가 떠나기 힘들게 만든다. 그러나 시간이 지나면 만족은 사라지고 보상의 질보다는 양이 의미 있어진다. 현실에서 경제가 제대로 돌아가기 위해 돈이 필요하듯, 디자인이 제대로 기능하기 위해 무언가가 필요하다면 일에 대한 확실한 보상이 도움이 될 것이다.

비정기적으로

슬롯머신은 게임에 빠질 만큼만 딱 보상을 주지만 그 보상마저 예측하기가 어렵다. 이는 가장 중독성 있는 보상이라고 할 수 있는데, '다음 건 진짜 큰 게 한 방 나올 것 같다'라는 여지를 늘 남기기 때문이다.

좋은 콘텐츠(블로그 활동이나 소셜미디어 댓글)에 대한 비정기적 보상은 콘텐츠 전반의 수준을 향상시킨다. 그러나 슬롯머신처럼 사용자가 보상을 통제할 수 없다면 효과적이긴 하겠지만 사용자들을 더 이기적으로 만들 수도 있다.

중독성 있게 만들어라

지금까지 보상과 처벌, 둘 중 하나를 선택해 실행하는 경우를 이야기했다. 그런데 어떤 행동을 하면 보상을 얻고, 하지 않으면 처벌을 받는다면 어떨까?

마약 중독자들은 처음에는 그저 기분이 좋아지는 느낌 때문에 마약을 시작했는데, 시간이 흐를수록 마약을 하지 않으면 끔찍한 기분에 빠져든다. 그래서 멈출 수 없는 것이다. 이게 바로 중독이다. 온라인 게임 '팜빌'이 딱 그렇다. 팜빌은 배우기도 쉽고 게임을 할수록 농장이 커지는 등 성공을 거두는 구조다. 하지만 게임을 중단하는 순간, 돈을 내지 않는 한 농작물은 시들고 수확물이 망가지기 시작한다.

게임화

게임과 게임이 아닌 것을 구별하는 것은 배지나 포인트가 아니다. 그보다는 심리가 중요하다. 게임 디자인은 설명하기 매우 까다롭지만 몇 가지 기본 원칙부터 살펴보자.

지난 몇 년 동안 UX에서 유행했던 것 중 하나는 게임이 아닌 것들에 '게임 메커니즘' 요소를 더하는 것이었다. 게임은 사용자들이 목표 지점에 잘 도달할 수 있도록 보상과 처벌을 알맞게 배치한다. 그 점을 배우고 싶다면 잘 찾아왔다. 게임 디자인의 2가지 핵심 요소에 관해 배우게 될 것이다.

- 피드백 루프
- 발전하는 도전

피드백 루프란

피드백 루프에는 3가지 구성 요소가 있다. 동기, 행동, 피드백(감정). 사용자 동기는 이미 존재할 수도 있고, 당신이 디자인한 것일 수도 있다.

일단 사용자가 동기 부여가 되어 있다면 실행할 수 있는 방법이 있어야 한다. 경기를 시작할 수도 있고, 해결해야 할 문제를 낼 수도 있고, 댓글을 남기는 페이지를 알려줄 수도 있다. 무엇이든 좋다. 그리고 나면 사용자는 피드백이 필요하다. 평가, 점수, '좋아요', 실시간 레이스 순위 등 그들이 얼마나 잘했는지 알려줄 수 있는 피드백을 제공해야 한다.

루프를 반복하라

피드백 '루프'라 불리는 이유는, 우리가 설계하는 피드백이 사용자가 특정 행동을 다시 하도록 동기를 부여할 수 있어야 하기 때문이다. 사용자는 예전 점수를 뛰어넘기 위해 다시 시도할 수도 있고, 이번에는 문제를 별로 맞히지 못할 수도 있고, 다른 사람들에게서 '좋아요'를 받을 수도 있다.

도전할 수 있게 계속 발전하라

새로운 사용자도 바로 뛰어들어 시작할 수 있다면 그건 좋은 게임이다. 그러나 사용자가 게임 진행 방식을 터득하고 나면 게임을 '그냥' 하는 것은 더 이상 중요하지 않게 된다. '잘'하는 것이 중요하다. 발전을 만들어내려면 사용자들이 이미 알고 있는 게임 방식보다 더 크게, 더 낮게, 더 어렵게 만들어야 한다.

'발전'이라는 개념이 '슈퍼마리오'의 레벨, '포스퀘어'의 배지, '배틀필드^{Battlefield}'의 캠페인, '앵그리버드$^{Angry\ Birds}$'의 스타를 만들어냈다. 어떤 목표든 이전 목표보다는 더 어려워야 한다.

간혹 사람들은 어떤 게임에서 더 높은 레벨로 가기 위해 돈을 지불하기도 하는데, 그건 이미 게임에 중독되었다는 뜻이다. 게임/UX 디자이너들은 그런 일을 한다. 그리고 당신도 그렇게 해야 한다.

의미 있는 감정을 끌어내라

피드백 루프는 게임의 여러 장치를 이용해 당신의 자연적이고 내재된 동기를 '분명한' 동기로 바꿔 드러나게 한다. 앞서 말했듯 보상과 처벌은 사물이 아니라 감정이다. 사용자에게 의미 있는 감정을 어떻게 끌어내는지가 관건이다.

배지와 포인트도 한 가지 방법이다. 팔로워와 리트윗도 그렇다. '좋아요'와 친구들, 차, 직책, 연봉, 사는 동네는 모두 중요한 감정을 촉발한다.

발전이라는 개념은 계속해서 신분 상승하고 싶어 하는 동기를 이용한다. 또 이기고, 향상되고, 그 누구보다 나은 사람이 되고 싶은 동기로 작용한다.

사회적/바이럴 구조

인터넷은 사건이 바이럴되게 하는 것으로 유명하지만 웹 사이트가 바이럴을 형성할 수 있는 구조로 디자인되지 않았다면 바이럴되지 않을 것이다. 이 레슨에서는 감정을 유발하는 콘텐츠가 어떻게 입소문을 타고 사람들의 인기를 얻게 되는지 배우게 될 것이다.

공유 그 이상을 의미하는 입소문

소셜 네트워크나 소셜 기능이 들어간 애플리케이션을 디자인 중이거나, 작업 중인 웹 사이트가 사용자에게 제공하는 콘텐츠 중심이라면 이 레슨을 그냥 넘겨선 안 된다.

기초 공식

> 사용자 A의 행동 = 사용자 B의 피드백 = 사용자 C의 콘텐츠

(예시)

- 당신은 페이스북에서 친구의 사진을 공유한다. 이 행동은 친

구에게 피드백으로 전달된다. 친구들은 자신의 피드에서 당신이 사진을 공유했다는 메시지와 함께 공유된 사진을 본다.

- 당신은 트위터에서 트윗 A를 리트윗한다. 트윗 A 작성자는 리트윗에 대한 피드백을 받는다. 당신의 팔로워들은 자신의 피드에서 당신이 리트윗한 트윗 A를 본다.

- 당신은 핀터레스트에서 이미지 B를 핀^{pin}하여 저장한다. 최초로 이미지 B를 올린 피너^{pinner}는 피드백을 받는다. 당신의 팔로워들은 자신의 피드에서 당신이 '핀'한 이미지를 본다.

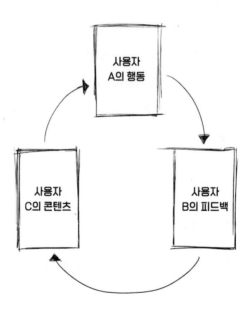

그러고 나면 더 많은 사람이 콘텐츠를 보고, 행동하고, 피드백이 따라오고, 다시 더 많은 콘텐츠가 생성된다. 그러나 페이스북은 '공유' 게시물만큼 '좋아요'를 사람들에게 노출시키지 않는다. 트위터는 '리트윗'만큼 '마음에 들어요'를 사람들에게 노출시키지 않는다. 그리고 핀터레스트는 '핀'만큼 '좋아요'를 사람들에게 노출시키지 않는다. 이 점을 주목해야 한다.

바이럴 루프Viral Loop와 관계없는 기능이 있는 건 괜찮지만 디자인 관점에서 시각적으로 낮은 순위에 위치해야 한다. 두 번째 선택이나 세 번째 선택으로 말이다.

페이스북의 공유 링크는 너무 작고 잘 보이지도 않으며 목록에서조차 마지막에 있다. 트위터의 '의견을 추가하여 리트윗하기'는 리스트의 첫 번째 항목에 있다. 핀터레스트의 핀 버튼색은 빨간색이고, 왼쪽에 있어 존재감이 명확하게 드러난다.

페이스북은 바이럴 마케팅을 지독히도 못한다. 트위터는 그나마 낫다(짧은 시간 안에는). 핀터레스트는 훨씬 낫다(이미지 기준). 놀라운가?

바이럴 구조의 효과

바이럴 구조는 제대로 하기만 하면 몇 가지 성과를 안겨준다.

2-in-1 행동

최초에 특정 행동을 한 사용자는 자발적으로 한 것이다. 예외는 없었다. 바이럴이 되는 상황은 멈추지 않고 동작하는 기계처럼 사람들의 감정을 담은 행동을 순식간에 엄청난 콘텐츠로 변환시킨다.

좋은 것들만 남는다

이런 유형의 기능은 디자인을 일종의 '고급 콘텐츠' 기계로 만들어 준다. 사람들이 한 콘텐츠에 더 많은 행동을 취할수록 더 큰 화제가 된다. 그러나 아무도 좋아하지 않는 콘텐츠는 조용히 사라진다.

사회적 검증

바이럴은 서로 관련된 사람들이 그 대상을 좋아한다는 사실을 알려준다. 더 많은 사람이 관련된다면 소속감이 빛을 발하게 된다.

자기 홍보

모든 사람이 누가 무엇을 공유하는지 볼 수 있기 때문에 자신을 더 눈에 띄게 하려는(지위) 동기를 유발한다.

네트워크 포화^{Network saturation}

모든 사람이 어떤 것을 믿는다면 당신도 그것을 믿게 될 가능성이 크다.

신뢰를 형성하는 방법

UX 디자인 실무에 몰두하다 보면 종종 구조나 테크닉에 빠져 사용자가 실제 사람이라는 사실을 잊기가 쉽다. 문맥은 중요하다. 정직함도 중요하다.

모든 일은 신뢰가 바탕이 되어야 한다

여기, 신뢰에 관한 7가지 간단한 아이디어가 있다. 알아두면 유용하게 쓰일 것이다.

1. 전문성을 갖춰라

너무 뻔하게 들릴 수도 있지만 당신은 진짜 회사처럼 보여야 한다. 사기꾼처럼 보여서는 절대 안 된다. 실제 회사처럼 보이려면 시각적인 디자인도 중요하지만 다른 부분도 중요하다. 진짜 회사는 데이터를 보호하고, 오랫동안 건재하며, 주문받은 물건을 즉각 보내준다. 간혹 어떤 회사들은 역량을 영업과 광고에만 쏟아부은 나머지 웹 사이트를 엉망인 상태로 몇 년씩 내버려두기도 한다. 그러한 면면은 신뢰를 해친다.

2. 100% 긍정적인 것도, 100% 부정적인 것도 없다

최고 평가를 받은 제품 리뷰는 긍정과 부정이 뒤섞여 있다. 애플리케이션 순위와 책 리뷰에 있어 이미 잘 알려진 사실은 모든 평이 별점 5개인 것은 사람들이 신뢰하지 않는다는 것이다. 별점 3개 혹은 4개인 평들이 실제 판매에 도움이 된다. 사람들은 모든 것이 너무 완벽해 보이면 의심을 하기 때문이다.

3. 민주화하라

사용자들은 한 그룹으로서 품질 필터 같은 역할을 할 수도 있다. 일부 기업은 인공지능을 이용해 좋은 콘텐츠를 판별하고 엉터리 콘텐츠를 방지한다. 투표나 순위가 조작되지 않도록 시스템을 구축해 사용자가 신뢰할 수 있는 기반을 마련해야 한다.

4. 정보의 중요성을 이해하라

신뢰는 정보를 보여줌으로써 생겨나기도 하고, 감춤으로써 만들어지기도 한다. 실명과 연락처를 밝히는 것만으로도 혐오성 짙은 공격적인 평이 줄어들 수도 있다. 그러나 은밀하고 부끄러운 정보를 공개하기보다는 자신의 정체를 드러내지 않는 것이 나을 때도 있다. 그러므로 이 정반대의 시스템은 정반대의 결과를 가져온다. 정보가 갖는 중요성을 잘 이해하고 있다는 사실을 보여줌으로써 신뢰를 구축할 수 있다.

5. 품위 있게 대처하라

공개적으로 부정적인 피드백을 받으면 겁에 질리게 되는데 그러지 않아도 된다. 공적으로 품위 있게 잘 대처하면 긍정적인 피드백을 받았을 때보다 더 강한 신뢰를 얻을 수 있다. 그러니 잠시 멈춰 생각을 가다듬어라. 자신의 자아를 지키려 애쓰는 대신 사용자의 문제를 해결하는 데 집중하라.

6. 사용자에게 정보를 제공하라

대단히 단순한 이야기이지만 대단히 등한시되는 부분이다. 사용자가 결제하거나 가입할 때를 생각해보라. 사용자들의 머릿속에는 끊임없이 질문이 생길 것이다. '배송비가 있을까?', '내 정보를 다른 곳에 공유하지는 않을까?', '스팸 메시지가 많이 오면 어쩌지?' 등. 그러므로 정보를 미리 제공하라! 사용자가 걱정하는 상황을 만드는 것보다는 사실을 알려주는 것이 낫다. 그것이 사용자가 원하는 답이 아니라 해도 말이다.

7. 단순한 단어를 사용하라

어려워 보이는 표현이 더 설득력 있으리라는 생각은 잘못된 통념이다. 평범한 사람들이 말하듯 말하라. 어렵게 말하면 사람들은 잘 이해하지 못한다. 자기가 이해하지 못하는 것을 신뢰하는 사람은 없다.

경험을 변화시키는 경험

새로운 사용자와 이미 경험이 있는 사용자는 디자인을 다르게 인식한다.

파워 유저^{Power user}는 소수다

통계학적으로 이야기하면, 당신의 디자인을 사용하는 대부분의 사람이 고급 수준의 사용자이거나 파워 유저일 가능성은 희박하다. 그래도 그렇게 믿고 싶은 마음이 클 것이다. 제품 혹은 서비스가 대단한 기술적인 분야가 아닌 이상, 다수의 사용자는 그것 말고도 할 일이 많다. 그들은 지나치게 집중하고 기술에 정통한 당신과 당신의 동료들이 아니다.

믿기 힘든 진실

100만 명의 사용자를 만족시키고 싶다면 강박증 걸린 천재가 아니라 정신 산만한 바보를 위해 디자인하라.

감추기 vs 나타내기: 선택의 역설

프로젝트를 진행하다 보면 레이아웃을 어느 수준까지 깔끔하게 만들어야 하는지 결정해야 하는 순간이 온다. 일반적으로 디자이너들은 심미성을 이유로 모든 것을 숨기는 편을 택한다. 그러나 비(非)디자이너들은 자기가 즐겨 찾는 기능을 언제나 눈앞에 두기를 원한다. 그리고 그 기능의 목록은 사람마다 모두 다르다.

자, 무엇을 선택할 것인가?

눈에 띄는 기능은 숨겨진 기능에 비해 언제나 더 많이 사용되고 더 많이 발견될 수 있다. 우리는 그 기능을 볼 때마다 그것이 존재한다는 사실을 인지하게 된다. 그러나 '선택의 역설'은 사람은 더 많은 선택권이 주어질수록 오히려 어떤 것도 선택하지 않을 가능성이 커진다고 말한다. 그러므로 보통의 사용자에게 너무 많은 선택권을 주면 겁에 질려 소리를 지르며 도망갈지도 모른다.

초보자들이 핵심 기능을 쉽게 찾을 수 있게 하라. 아무것도 클릭하지 않고 찾을 수 있다면 최고다. 그리고 파워 유저들이 고급 기능을 항상 볼 수는 없더라도 쉽게 찾을 수 있게 하라.

하나의 '공유' 버튼 뒤에 20개의 소셜미디어 옵션을 숨겨둔 적이 있는가? 그러고 난 뒤 디자인이 깔끔하다고 만족스러워했는가? 유감스럽게도 인터 페이스를 '단순'하게 디자인한 것이 아니다. 그저 공유 기능을 망가뜨렸다 고밖에 볼 수 없다. 선택권이 지나치게 많고 아무도 그걸 다 볼 수 없기 때 문이다. 직관적이지 않다. 몇 개의 옵션을 골라 항상 눈에 띄게 하라. 나중 에 내게 고마워할 것이다.

인식 vs 기억

지금 당장 머릿속에 떠오르는 아이콘들이 있는가? 그중 아이콘 이 름을 몇 개나 말할 수 있는가? 만약 내가 아이콘 목록을 준다면 몇 개나 알아볼 수 있겠는가?

인터페이스를 디자인했는데 몇 개의 기능은 검색을 통해 알아봐야 만 사용할 수 있다면 사람들은 자기가 기억하는 기능만 사용할 것 이다. 즉 시간이 흐를수록 사용자는 기능을 점점 덜 사용하게 될 것 이다. 점점 더 많이 사용하는 것이 아니라.

사용자가 방대한 양의 정보를 다루어야 한다면 카테고리를 제안하 거나 어디서 찾을 수 있는지 알려주는 것이 좋다.

학습은 느리지만 습관은 순식간이다

온보딩이란 새로운 인터페이스에 대한 단계별 교육이나 간단한 소개, 즉 신규 교육 과정이라 할 수 있다. 이는 새로운 사용자가 겪는 혼란을 최소화하면서 주요 기능을 쉽게 찾을 수 있도록 돕는다. 하지만 사용자가 당신의 인터페이스를 2년째 써왔다면 어떨까?

습관은 사용자의 마음에 매우 빠르게 자리 잡기 때문에 주요 기능을 수행할 수 있는 '빠른 실행'을 디자인해야 하는데, 이는 눈에 쉽게 띄지 않을 수도 있다. 그러나 파워 유저라면 기꺼이 시간을 들여 새로운 기능을 배우고 추가로 생산성을 높이는 방법을 택할 것이다. 키보드 단축키, 우클릭 옵션, '.@'와 같은 트위터의 트릭이 이 아이디어의 예라 할 수 있다.

제8장

시각 디자인의 원칙 →

시각적 무게(콘트라스트와 사이즈)

이 레슨은 5가지 시각 디자인 원칙 중 첫 번째로, 사용자의 관심을 유도하는 방법을 알려줄 것이다. 디자인 중 어떤 부분은 다른 부분에 비해 특히 중요하기 때문에 사용자들이 그 중요성을 알 수 있도록 해야 한다.

시각적 무게 개념은 꽤 직관적이다. 레이아웃에서 어떤 것들을 다른 것들보다 더 '무겁게' 보이게 해야 한다. 그 무거운 것들이 사람들의 이목을 집중시킨다. 그리고 이 아이디어는 UX 디자이너에게 무척 중요한데, 사용자가 의미 있는 정보를 알아차릴 수 있게 하는 것이 디자이너의 일이기 때문이다.

또 사용자가 목표를 이루는 데 방해받지 않는 것도 중요하다. 디자인의 특정 부분에 시각적 무게를 줌으로써 사용자의 시선을 좀 더 쉽게 유도할 수 있고, 그들의 시선이 다음에 어디로 가야 할지 결정할 수 있다.

> **주의** 시각적 무게는 상대적인 것이다. 모든 시각 디자인 원칙에서는 디자인 요소와 대상을 둘러싸고 있는 주변의 것들을 비교하는 것이 중요하다.

자, 그럼 지금부터 'UX 속성 강좌'의 인기 스타를 소개하겠다. 우리의 고무 오리! 박수!

콘트라스트 Contrast

밝은 것과 어두운 것의 차이를 '콘트라스트'라고 한다. 밝은 것과 어두운 것의 차이가 확연할수록 콘트라스트가 더 높다. UX에서는 그림 속 중앙에 자리한 오리처럼 중요한 부분은 콘트라스트를 높인다. 이러한 경우, 다른 이미지들이 밝기 때문에 어두운 오리가 더 눈에 띈다. 만약 다른 오리들이 어두웠다면 밝은색의 오리가 눈에 띌 것이다.

이 오리들이 버튼이라면 어두운 버튼을 클릭하는 사람이 더 많을 것이다.

중앙에 있는 오리가 가장 시선을 끈다. 이처럼 콘트라스트는 시각적 무게에 영향을 준다.

뎁스 Depth 와 사이즈

현실 세계에서 우리는 멀리 있는 것보다는 가까이에 있는 것을 좀 더 쉽게 알아차린다. 디지털 세계에서는 그림 속 가운데 오리처럼 큰 것을 가까운 것으로 인식하고, 제일 뒤에 자리한 흐릿한 오리처럼 작은 것을 멀리 떨어져 있는 것으로 인식한다. 만약 오리의 크기가 모두 동일한다면 시선은 왼쪽에서 오른쪽으로 옮겨질 것이다(원래 그 방향으로 글을 읽는 사람이라면 말이다). 만약 그림자나 블러 효과를 썼다 해도 그건 그저 뎁스를 현실적으로 인식할 수 있게 만든 것뿐이다. 디자인이 '평면적'이더라도 사이즈는 그러한 효과를 준다.

일반적으로는 중요한 것을 덜 중요한 것에 비해 크게 만든다. 이는 한 페이지 안에서 시각적 계층^{hierarchy}을 만들어내며, 사용자가 훑어 보기 쉽게 한다. 뿐만 아니라 사용자가 가장 먼저 알아차려야 하는 것을 디자이너가 결정하고 디자인할 수 있다. 사용자가 무언가를 구매하는 대신 로고를 쳐다보고 있기를 원하는 것이 아니라면 로고를 더 크게 만드는 것은 잘못된 선택이다.

가장 앞 중앙에 있는 오리가 좀 더 시선을 끈다. 뎁스와 사이즈는 시각적 무게에 변화를 준다.

색상

실제 삶 속에는 햇빛, 조명, 열, 추위, 옷, 브랜드, 패션과 같이 우리가 색상을 인식하는 데 영향을 미치는 수백만 가지의 것들이 있다. 팬톤pantone이나 브랜드 가이드라인까지 신경 쓸 필요는 없지만 UX 디자이너라면 반드시 색상에 관해 배워야 한다.

어느 오리가 추워 보이는가? 어느 오리가 경고처럼 보이는가? 색상은 의미를 지닌다.

어느 오리가 앞으로 나아가는 것처럼 보이는가? 색상은 진출하는 것처럼 보이게 할 수도 있고, 후퇴하는 것처럼 보이게 할 수도 있다.

앞서 테크니컬러 오리를 통해 색상에 관한 몇 가지 사실을 배웠다. UX 디자이너는 보통 와이어프레임을 작성할 때 흑백만 사용한다. 그리고 그건 좋은 일이다! UX 디자이너들은 기능에 집중하고, UI 디자이너들은 심미성과 느낌, 스타일에 집중한다. 그러나 때로는 색상 자체가 기능이 되기도 하다. 맛과 어울리는 색깔의 막대사탕, 신호등이 그런 것처럼 말이다. 중요하다는 이야기다.

의미를 담아라

이 레슨의 첫 번째 그림을 보자. 파랑, 노랑, 빨강의 3마리 오리가 있다. 그림을 보자마자 오리들의 색이 제각각 다르기 때문에 각각의 오리가 '의미'하는 것이 다르다는 사실을 쉽게 예측했을 것이다. 오리가 버튼이었다면 '확인', '취소', '삭제'일 수 있다. 오리가 연료 탱크였다면 '가득 있는', '반이 차 있는', '비어 있는'일 수 있다. 또 스토브라면 '차가운', '따뜻한', '뜨거운'일 수 있다.

이제 내 말을 이해했을 것이다. 오리는 모두 동일하지만 색상을 추가하면 다른 의미를 만들 수 있다. 무언가를 나타낼 필요가 없다면 색상은 UI 디자이너에게 맡기는 것이 좋지만 색상을 일부러 선택했다면 반드시 의미를 담아야 한다.

특정 색상을 고집하며 다른 디자이너와 다투지 마라. UX에서는 흐릿한 빨강이나 선명한 빨강이나 그냥 빨강일 뿐이다. 거기까지만 신경 쓰면 된다.

진출 혹은 후퇴를 표현하라

기억해두면 좋은 또 한 가지는 색상도 '소란'스럽거나 '조용'할 수 있다는 것이다. 이 레슨의 두 번째 그림을 보자. 1마리의 빨간 오리와 2마리의 푸르스름한 오리가 있다. 빨간색의 오리가 좀 더 가까워 보인다. 그렇지 않은가? 하지만 사실은 그렇지 않다. 이처럼 '구매' 버튼 같은 것은 화면 밖으로 튀어나온 것처럼 보이는 색상으로 정해야 한다. 사람들은 앞으로 '진출'하는 것처럼 보이는 색상을 더 많이 클릭한다.

반면 푸르스름한 오리들처럼 보이기는 하되 너무 눈에 띄지 않도록 뒤에 물러나 있기를 원할 때도 있다. 그런 것들은 '후퇴'시키자. 항상 화면에 존재하는 메뉴에는 이런 효과를 적용하는 것이 좋다. 만약 이런 메뉴가 항상 고함을 지르고 있는 것처럼 눈에 띈다면 불필요할 뿐만 아니라 중요한 것에 집중하는 데 방해가 된다.

와이어프레임을 단순하게 만들어라

다채로운 색상의 와이어프레임은 세부 기능을 전달하는 데 방해가 된다. 색상은 꼭 필요할 때만 사용해야 한다. 와이어프레임을 설계 도처럼 파랗게 만들거나 고객에게 잘 보이려고 꾸며서는 안 된다. 그렇게 하면 혼란과 불필요한 논의를 야기하고, 이렇게 해명해야 할지도 모른다.

"아니요. 웹 사이트를 파랗게 꾸미지는 않을 거예요……."

시각적 원칙들을 조합하라

색상은 이전 레슨에서 언급한 시각적 무게 측면에서 잘 활용될 수 있다. 크기가 큰 것도 눈에 잘 띄지만 크고 빨간 것은 사람들 눈에 안 띌 수가 없다! 오류나 경고 표지는 빨간색으로 만들고 콘트라스트를 높여라. 그게 아니라면 후퇴색인 녹색으로 작게 표시하는 것이 가장 좋다.

반복과 패턴 깨기

사용자의 시선을 주요 내용으로 유도하는 패턴 형성은 시각 디자인에서 매우 중요한 원칙 중 하나다. 그리고 모든 훌륭한 규칙들처럼 패턴은 깨지기 위해 만들어진다.

이 오리들은 패턴을 형성한다. 반복은 인식을 바꾼다.

인간의 뇌는 패턴과 연속적인 사건을 기억하는 데 재능이 있다. 어떤 것이 자연적으로 지속해서 발생한다면 우리는 바로 알아차린다. 사실, 알아차리는 정도가 아니라 그것에 관해 다르게 생각한다.

위 그림을 보자. 똑같이 생긴 5마리의 오리가 줄지어 서 있다. 그런데 우리는 이 오리들을 개별적으로 보는 것이 아니라 한 무리로 본다. 오리를 그룹이나 연속체로 취급하는 것이다. 또 대부분의 사람은 글을 읽는 방식대로 왼쪽에서 오른쪽으로 볼 것이다. 만약 한 줄로 늘어선 오리가 메뉴나 목록이라고 해도 똑같이 왼쪽에서 오른쪽으로 볼 것이다. 이를 통해 사람들이 오른쪽에 있는 옵션보다 왼쪽에 있는 옵션을 더 많이 클릭할 것이라는 사실을 예상할 수 있다.

패턴을 깨라

다음 그림도 똑같이 생긴 오리이지만 이번에는 무리 중 1마리가 단독으로 나섰다. 이 오리를 비욘세[Beyonce]라고 부르자. 모든 것이 변했다. 이제 우리 앞에는 부러워하는 4마리의 오리와 단독으로 스포트라이트를 받는 비욘세 오리가 있다. 비욘세 오리는 그냥 그렇게 태어났다! 모든 오리가 평등하게 존엄한 생명체이지만, 비욘세 오리에 집중하지 않을 수가 없다.

이것이 메뉴라면 정중앙의 옵션은 사람들의 시선을 사로잡기 때문에 이전보다 더 많은 클릭 수를 얻게 될 것이다. 반면 왼쪽 옵션들

어디에서 패턴이 깨지든 우리는 그곳에 집중하게 된다.

의 클릭은 분산되며 이전보다 덜 인기를 얻게 될 것이다. 그래도 여전히 가장 오른쪽에 위치한 옵션보다는 인기 있겠지만.

이러한 사실을 알아두면 굉장히 유용하다. 뻔하고 단순한 내용처럼 보이지만, 디자인에 적용하면 사람들이 중요한 버튼과 옵션, 인기 스타를 놓치지 않게끔 해줄 것이다.

> **주의** 패턴을 깨면 정작 사용자들이 봐야 할 중요한 것들로부터 눈길을 뺏을 수도 있다. 패턴을 깨기 전에 우선 패턴을 잘 만들어야 한다.

강조하고 싶은 부분에 변화를 주어라

패턴이나 배열을 만들기 위해서는 시각적 무게와 색상을 일정하게 유지해야 한다. 사용자의 시선은 패턴의 한쪽 끝에서 반대편 끝으로 따라갈 것이다. 이 패턴을 깨려면 그저 강조하고 싶은 부분에 변화를 주면 된다. '지금 가입' 버튼을 전혀 예상하지 못한 색상이나 사이즈, 형태, 스타일로 꾸며놓고 밤사이 클릭 수가 올라가는 것을 지켜보라!

라인 텐션과 엣지 텐션

지난 레슨에서 배웠듯 반복은 패턴을 창조한다. 특정 유형의 반복은 사용자가 형태를 새롭게 인지할 수 있게 하고, 사용자의 시선이 어디로 향할지 결정한다.

왜 그냥 8마리 오리로 보이지 않을까?

시각적 '텐션'이란 매우 기초적인 개념이지만 얼마나 유용하게 사용할 수 있는지 알게 되면 깜짝 놀랄 것이다. 우리의 두뇌는 존재하지 않는 패턴조차 볼 정도로 매우 뛰어난 측면이 있다. 디자이너라면 이를 이용해야 한다.

라인 텐션 Line tension

위 그림을 보자. 8마리의 오리가 일렬로 서 있다. 우리는 오리들을 개별적으로 보지 않고 한 줄로 인식한다. 그것이 바로 라인 텐션이다. 선이나 길이 존재하지 않는데도 존재하는 것으로 인식하는 것이다. 우리의 시선은 그 길이 어디로 이어지는지 따라갈 것이다. 대단히 유용하다. 만약 우리가 패턴을 깨뜨리듯 그 길을 끊으면 그로 인해 생긴 틈이 주목받게 된다.

엣지 텐션 Edge tension

지금까지 선이 하나만 있는 상황을 가정했다. 그런데 만약 2개 이상의 선을 사용해 라인 텐션을 만들면 어떨까? 그것은 '형태'가 될 수 있다.

다음 그림에 배열된 오리들은 상자의 모서리를 이루는 것처럼 보인다. 오리 12마리 혹은 오리 3마리가 4개의 그룹을 이룬 모습으로 볼 수도 있지만, 실제로는 두뇌가 자연스럽게 상자로 인식할 것이다. 그뿐 아니라 우리는 상자 '속'이나 모서리 사이에 있는 빈자리에 무언가를 담을 수도 있다(더 많은 오리라든가!). 엣지 텐션 또한 라인 텐션과 마찬가지로 그 공백에 시선이 집중된다.

레이아웃 측면에서는 라벨처럼 작은 것에 더 많은 집중이 필요할 때 사용하면 좋다. 또는 사람들이 클릭했으면 하는 버튼으로 향하는 시각적 길을 만들 수도 있다. 빈티지 광고들은 로고를 강조하는 방법으로 이 기법을 종종 사용한다. 그리고 편리하게도 이는 레이아웃이 좀 더 단순하고 일관성 있게 느껴지게 하는 효과도 있는데,

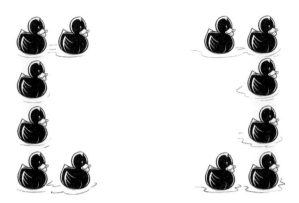

12마리의 오리가 보이는가? 아니면 오리로 만들어진 상자가 보이는가? 그것이 바로 '엣지 텐션'이다.

그 이유는 길이나 상자는 하나만 생각하면 되지만 12마리의 개별적 오리는 다들 너무 멋져 모두 다루기에는 부담스럽게 느껴지기 때문이다.

자신의 원칙들을 조합하라

이 레슨에서 나는 '텐션'이 생긴 틈을 비워두었으나 꼭 그럴 필요는 없다. 색의 그라데이션을 이용해 아이템 목록으로 이어지는 길을 만들 수도 있다. 아니면 개별적 요소가 아니라 그 요소들이 한 형태를 만들고 있는 그룹 전체에 시각적 무게 효과를 줄 수도 있다. 이는 레이아웃에 추가로 무언가를 더하지 않고 사용자의 관심을 사로잡을 수 있는 좋은 방법이다.

정렬과 근접성

마지막으로, 다른 디자인 요소를 추가하지 않고도 순위와 의미를 부여하는 방법을 배울 것이다. 이는 매일 보는 모든 것에 영향을 미친다.

정렬 Alignment

다음 그림을 보자. 6마리의 오리가 무리 지어 있다. 동시에 오리가 정렬된 방식을 통해 그들의 관계를 파악할 수 있다.

정렬된 오리들은 좀 더 연관성이 있는 것처럼 보인다.

- 2개의 열이 보인다.
- 가장 왼쪽의 오리와 가장 오른쪽의 오리는 무리에서 약간 떨어져 있는 것 같다.
- 중앙에 있는 2마리의 오리가 가장 잘 정렬한 것처럼 보인다.
- 오리들은 모두 같은 방향으로 이동하고 있는 것 같다.
- 그림이 움직이는 거라면 가장 왼쪽의 오리는 뒤처지고 있는 듯하다.
- 그림이 움직이는 거라면 가장 오른쪽의 오리는 선두에 있는 듯하다.

사실 오리들의 모습은 동일하다. 우리의 인식에 관여한 것은 배열뿐이다. 비슷한 기능을 가진 버튼들도 이처럼 정렬될 수 있다.
다른 차원의 콘텐츠도 정렬될 수 있다. 정보는 스프레드시트처럼 열과 행 속에서 여러 가지 다양한 의미를 전달할 수 있다.

근접성 Proximity

두 대상 사이의 거리는 서로 얼마나 연관되었는지에 관한 느낌을 전달할 수 있다. 이 거리를 '근접성'이라 한다. 다음 그림을 보자. 6마리의 오리가 수평이나 수직에 맞춰 배열되어 있지 않은데도 사람들은 두 그룹으로 나누어 인식한다. 각 그룹의 오리들은 팀이나 가족처럼 함께 있다. 여기에서도 우리의 인지에 관여한 것은 근접

오리들이 서로 가까이 있을수록 연관성이 높아 보인다.

성뿐이다.

이처럼 디자인을 할 때 관련성 있는 요소들은 서로 가까이 놓고, 관련성 없는 요소들은 멀리 떨어뜨려 놓아야 한다. 예를 들면 한 가지 행동(구매나 애플리케이션 다운로드처럼)에 관련된 헤드라인, 내용, 버튼을 '패키지'처럼 디자인하는 것이다. 이를 통해 사용자들은 설명을 읽지 않고도 그것들이 서로 관련 있는 내용이라는 사실을 이해할 수 있다.

UX를 위한 모션 이용하기

디지털 디자인에 있어 애니메이션이나 모션 디자인이 UX의 일부 기능으로 포함되는 경우가 점점 많아지고 있다. 그건 세세한 부분까지 멋져 보이는 효과를 주지만 UX에서는 스타일보다 중요한 것이 더욱 많다. 모션은 그저 수단일 뿐이다.

사용자를 기다리게 하지 마라

놀라운 화면 전환과 매끄러운 애니메이션 버튼, 패럴랙스 스크롤링 parallax scrolling(사용자가 마우스를 스크롤할 때 원거리에 있는 배경 이미지는 느리게, 근거리에 있는 사물 이미지는 빠르게 움직이도록 함으로써 입체감을 느낄 수 있게 만든 디자인 기법)을 디자인하기 전에 잠깐 사용자를 생각해보자.

사용자가 원하는 페이지에 서둘러 가려고 하는 중이거나, 다음에 뭐가 나올지 이미 알고 있거나, 웹 사이트나 애플리케이션을 이용할 때마다 애니메이션을 수백 번 봐야 한다면 그 디자인은 득보다 실이 많을 것이다.

애니메이션은 나타나는 데 시간이 걸리고, 기다려야 하는 사용자는 쉽게 짜증을 느낀다. 기다리는 것보다 더 나쁜 것은 간혹 애니메이션이 글씨를 가리기도 하고, 사용자가 읽고 클릭해야 할 콘텐츠와 버튼을 찾는 데 방해가 된다는 점이다.

모션은 종종 짜증을 유발한다

진동 배너와 뛰어다니는 버튼 때문에 짜증이 난 적이 있다면 모션이 얼마나 이목을 끄는지 알고 있을 것이다. 만약 뇌가 인지하는 것들의 목록을 작성해 우선순위를 매겨본다면 모션이 가장 앞에 올 것이다. 그 작은 것은 효과가 오래 간다. 만약 당신이 진동 배너나 이동식 버튼을 만든다면(클릭할 때 몹시 짜증이 난다) 나는 당신을 꼭 잡아내…… 음…… 만남이 아름답지는 않을 거라고만 말해두겠다.

직선은 방향성을 만든다

각각의 모션은 저마다의 시각적 효과를 가진다. 무언가를 직선으로 움직이게 한다면 사용자의 뇌는 그것이 어디로 갈지 예상하게 되고, 그 직선의 끝을 보려 할 것이다. 주요 기능을 강조하거나 사용자들이 어디로 가야 할지 안내하고 싶다면 움직이는 직선 모션은 좋은 선택이다.

직선

사람들의 시선은 곡선을 따라 이동한다

반면 사용자들이 애플리케이션을 처음 이용해 설명이 필요한 경우
라면 그들이 화면을 한 바퀴 둘러볼 수 있도록 곡선 모션을 이용하
는 것이 좋다. 이는 곡선 경로를 따라 사용자의 시선을 이동하게 하
고, 필요한 곳에서 애니메이션을 멈춰 시선을 머무르게 할 수 있다.

곡선

제9장

와이어프레임과 프로토타입 →

와이어프레임의 개념

UX 디자인에서 와이어프레임은 필수는 아니지만 중요한 문서다. 우리가 '건축가'라면 와이어프레임은 설계도에 해당한다. 그런데도 와이어프레임은 단순해 보이는 특성 때문에 종종 가볍고 간단한 문서라는 오해를 받기도 한다.

와이어프레임은 기술 문서다. 문서에 들어가는 것은 라인과 박스, 라벨, 간혹 한두 가지 색상, 그것이 전부다. 와이어프레임은 설계도와 목적이 비슷하다는 이유로 서로 비교될 때도 있다. 설계도는 건축업자에게 건축가의 계획을 실행하는 방법을 알려준다. 벽지나 가구를 고르는 일이 아니다. 사람들에게 설계도는 중요한 것으로 인식된다. 그것은 제안서나 '개략적인 스케치', '대략적 실물 모형'이 아니다. 당신이 화이트보드에, 또는 아이디어 회의 시간에 그린 스케치들은 물론 소중하지만 그렇다고 해서 그것들이 와이어프레임인 것은 아니다. 그건 당신이 나중에 만들어야 하는 와이어프레임에 관한 아이디어들이다.

와이어프레임은 한 시간 정도면 그릴 수 있을지 모르지만 그렇게 그려내기까지 몇 주 혹은 몇 달이 소요된다. 동료와 고객들이 그 점

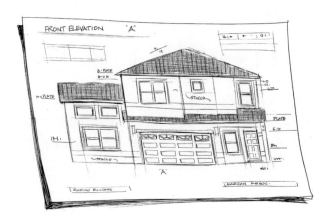

을 충분히 이해하는 것이 중요하다. 만약 당신의 와이어프레임이 다른 개발자나 디자이너가 그대로 가져다 쓸 수 없는 상태라면 그것은 와이어프레임이 아닌 그저 스케치다. 계속 작업하라.

와이어프레임이 아닌 것은

대부분의 사람이 UX를 생각할 때 라인과 박스로 이루어진 다이어그램, 즉 우리가 와이어프레임이라고 부르는 것들을 떠올린다. 그리고 유감스럽게도 상당수의 사람이 와이어프레임 작업을 UX가 하는 일의 전부라고 생각한다.

와이어프레임은 기획서가 맞다. 또 '건축업자'들을 위한 기술 지침서가 맞다. 와이어프레임 덕분에 우리는 문제점을 미리 발견할 수 있다. 건축가가 "앗, 정문 만드는 걸 깜박했어요!"라고 말하는 것처럼 우리는 이렇게 말할 수도 있다.

"앗, 메인 메뉴 만드는 걸 깜박했어요!"

여전히 사람들 사이에는 와이어프레임에 관한 오해가 널리 퍼져 있고, 사람들은 잘못된 방식으로 와이어프레임을 사용한다. 다음은 와이어프레임이 아닌 것들의 목록을 작성한 것이다. 용서받을 수 없는(!) 상위 5가지 와이어프레임 죄악을 짓고 있지는 않은지 스스로 돌아보기 바란다.

1. 와이어프레임은 기본 스케치가 아니다

우리는 종종 와이어프레임을 대충 그린 스케치, 또는 디자인의 첫 번째 단계로 치부하며 이렇게 말할 때가 있다.

"지금 그냥 와이어프레임 하나 만들자!"

와이어프레임은 그런 게 아니다. 와이어프레임은 디자인을 배제한 것이다. 어떻게 보여주느냐가 아니라 웹 사이트 혹은 애플리케이션이 어떻게 작동할지를 보여주는 것이 중요하다. 초기 단계에 냅킨 위에 쓱쓱 그린 그림은 생각을 정리하는 데는 중요하지만 와이어프레임이라고 할 수 없다.

초기 콘셉트와 생각은 와이어프레임이 아니라 글과 사진으로 설명해야 한다. 이것들이 더 효과적이고 빠르며 고객들이 쉽게 이해한다.

2. 좋은 와이어프레임은 시간이 걸린다

와이어프레임은 단순해 보이지만 나는 그 비어 있는 사각형 뒤에 많은 고민이 있다는 것을 알고 있다. 작은 부분 하나하나 계획된 것이며, 각각의 페이지에 신중하게 배치되어 있다. 모든 링크는 목적지가 필요하다. 또 모든 페이지는 그 페이지로 갈 수 있는 링크가 필요하다. 모든 버튼은 사용자가 필요하다고 생각하는 곳에 배치되어야 한다. 와이어프레임은 90%의 생각과 10%의 도안으로 이루어진다. 모든 사람이 이 90% 부분의 필요성을 존중하게 하라!

3. 와이어프레임은 과정으로 존재하지 않는다

사람이 만드는 것은 모두 '초안'이 있고 아이디어를 완성하는 과
정을 거치지만, 와이어프레임은 준비가 된 상태도, 그렇다고 준
비가 되지 않은 상태도 아니다. 만약 와이어프레임이 완성되지
않았다면 그건 문제가 풀리지 않았거나, 체계화되지 않았거나,
작동하지 않거나, 사용하기 어렵거나, 무언가가 빠졌다는 의미
다. 와이어프레임 작업 중이라면 디자인을 시작할 수 없다. 고객
이나 상사에게 아직 준비가 되지 않았다고 말하는 것을 두려워
하지 마라. 완성되지 않은 와이어프레임을 가지고 일을 시작하
는 것은 참사를 예약하는 것과 다를 바 없다.

4. 와이어프레임은 진지하게 다루어져야 한다

나는 사람들이 '기분'을 내려고 종이에 인쇄한 와이어프레임을
들고 이리저리 다니는 걸 본 적이 있다. 또 소셜 네트워크를 위
한 70페이지짜리 와이어프레임이 프로필 페이지가 없는 것도
보았다. 사용자가 만든 콘텐츠인데 실제로는 절대 구현될 수 없
는 것도 본 적이 있다. 그리고 한 와이어프레임에 있는 '지금 가
입' 버튼에 X자 표시를 하는 것도 본 적이 있는데, 그 이유는 '버
튼이 예쁘지 않아서'였다. 글로벌 에이전시가 디자인하고 출시

한 웹 사이트에 메인 메뉴가 없는 것도 보았다. 농담 같다고? 모두 사실이다.

이러한 일들이 큰 문제처럼 보일 수도 있고 아닐 수도 있지만, 이는 제품이나 서비스 자체를 망가뜨릴 수 있는 심각한 실수를 보여주는 사례들이다. 큰 프로젝트일수록 와이어프레임 작업에 충분한 시간을 들여야 한다. 개발자들이 버튼의 용도를 묻지 않아도 되도록 각 페이지의 모든 요소에 라벨을 붙이고 설명을 달아야 한다.

5. 와이어프레임은 보여주기 위한 것이 아니다

와이어프레임이 푸른색으로 칠해져 있거나 잔뜩 멋만 부린 것을 보면 내 안의 일부가 조금씩 죽는 것만 같다. 그럴 때면 와이어프레임을 작성한 사람이 자신의 일을 존중하지 않는다는 사실을 바로 알아차릴 수 있다. 그 디자이너는 경고 표시를 위해 빨간색을 사용한 것도, 어떤 의미를 담기 위해 특정 색을 사용한 것도 아니다. 와이어프레임은 분명 기술적인 목적이 있는데 고객이나 상사에게 잘 보이려고 그저 예쁘게 만드는 데 집중한 것이다. 와이어프레임을 설계도처럼 보이게 만드는 것은 코믹 산스체로 계약서를 쓰는 것과 같다.

툴이 아닌 기술을 배워라

UX와 관련해 가장 많이 나오는 질문 중 하나는 "와이어프레임하기에 가장 좋은 툴은 무엇인가요?"다. 만약 와이어프레임을 잘 만들게 되면 가장 단순한 툴이 가장 좋은 툴이라는 사실을 깨닫게 될 것이다.

나는 거대한 프로젝트가 아닌 한 와이어프레임 도구로 어도비 일러스트레이터Adobe Illustrator, 스케치Sketch, 애플 키노트Keynote를 사용하는데, 이렇게 말하면 많은 디자이너가 놀란다. 그간 옴니그래플Omnigraffle, 목플로우Mockflow, 발사믹Balsamiq 등 다양한 소프트웨어를 사용해봤지만 이들 중에는 와이어프레임을 목적으로 한 것도 있고 아닌 것도 있었으며, 대부분은 필요 이상으로 복잡했다.

상황에 적합한 툴을 사용하라

수만 명의 직원이 있는 글로벌 기업의 인트라넷처럼 다양한 콘텐츠가 포함된 복잡한 웹 사이트를 디자인한다면 그에 맞는 툴이 필요하다. 그러나 대부분의 프로젝트에는 그러한 툴이 필요하지 않다. 나는 소셜 네트워크 전체를 디자인할 때는 웹 기반의 드로잉 툴을, 수십만 달러 예산의 아이패드용 애플리케이션을 디자인할 때는 키노트를 사용했다. 유명 케이블 텔레비전 채널의 웹 사이트는 일러스트레이터로만 작업했다. 이 모든 작업을 하는 동안 누군가가 불평하는 소리를 들어본 적이 없다.

쉽고 저렴한 방법으로 프로젝트를 다룰 수 있는 가장 단순한 툴을 찾아 사용하라. 이건 예술 작품이 아닌, 와이어프레임이다!

최고의 솔루션을 디자인하라

어떤 디자인을 하든 소프트웨어가 가진 기능에 기반한 것이 아닌, 당신이 필요한 솔루션에 기반한 디자인을 해야 한다. 언제나 원하는 것을 먼저 디자인해본 뒤 이를 기술적 문서로 옮겨줄 와이어프레임을 찾아 사용해야 한다. 와이어프레임 툴을 켜놓고 그에 맞춰 문제를 풀기 시작하면 시작도 하기 전에 망친 것이나 다름없다.

때로는 연필과 종이가 가장 좋은 와이어프레임 툴이 될 수도 있다. UX 디자이너 초보자들에게 내가 가장 하고 싶은 조언은 아이디어가 꽤 구체화되어 기술적인 정밀성이 필요한 단계에 이르기 전까지는 연필과 종이를 이용해 와이어프레임을 작성하라는 것이다.

아이디어를 대략 그려보고, 10가지 정도의 다른 버전을 만들어본 뒤, 아이디어가 정리되면 그때 컴퓨터를 사용하는 게 좋다.

다양한 상황을 고려하라

가장 일반적인 디자인 실수 중 하나는 덜 일반적인 사용자 행동을 간과하는 것이다. 이상적인 콘텐츠만 고려해 와이어프레임을 만든다면 실제 사용에서는 디자인이 작동하지 않을 수도 있다.

당신의 디자인이 90%의 사용자에게만 잘 통한다면 그건 잘못된 것이다. 내 경험상 사람들이 UX 디자인에 관해 이야기할 때는 주로 디자이너가 사용자에게 바라는 행동 방식에 대해 말하지, 사용자가 실제 어떻게 이용하는지에 대해서는 말하지 않는다. 참으로 위험한 접근 방식이다.

만약 당신이 다음과 같이 이야기하고 있다면 실패를 자초하고 있는 셈이다.

"헤드라인은 무조건 한 줄로 써야지?"

"사용자 친구가 1,000명이 넘진 않을 거야."

"대부분의 사용자는 프로필 사진으로 자기 얼굴을 쓸 거야."

텍스트가 짧다면?

누군가가 제목으로 마침표를 사용하면 어떻게 해야 할까? 아예 빈 칸으로 둔다면? 단어 하나만 떡하니 써둔다면? 블로그 내용 자체가 그저 단어 하나라면?

모든 사람이 일반적인 행동을 할 거라고 생각하고 싶은 마음은 이해하지만 창의력이 넘치는 사람이, 독특한 발상을 좋아하는 사람이 엄연히 존재한다. 사람들이 구두점에 관해 기사를 쓰는 중일 수도 있고, '오늘의 단어'라는 블로그를 운영할 수도 있고, 그냥 이런저런 기능이 필요하지 않을 수도 있다. 핀터레스트의 경우 사람들은 보통 마침표만 찍고 설명 페이지를 생략한다. 만약 사용자가 그 짧은 텍스트를 눌러야 기사를 볼 수 있다면 그들은 마침표 하나를 클릭하려고 애를 써야 할 것이다.

텍스트가 길다면?

이 부분은 디자인할 때 더 자주 발생하는 오류인데, 아주 긴 것을 고려하지 않는 것이다. 싱어송라이터 피오나 애플^{Fiona Apple}이 1999년에 발표한 두 번째 앨범의 제목은 시 전체다. 나는 상표 등록된 회사의 이름이 40개의 단어로 이루어진 것도 보았다. 어떤 블로그는 제목에 한 게시물의 내용이 그대로 적혀 있었고, 본문 텍스트가 항상 공란이었던 적도 있다. 만약 음악 사이트나 상표 등록 기업의 목록 혹은 블로그 템플릿을 디자인한다면 이러한 행동들을 고려해 디자인할 것인가, 아니면 디자인이 망가지게 둘 것인가?

아무것도 존재하지 않는다면?

'아무것도 없는 상태'를 빠뜨리고 디자인하는 것은 놀랄 만큼 자주 일어나는 일이다. 사용자가 아직 아무것도 게시하지 않은 상태라면 페이지가 어떻게 보이는가? 이를 비워둔 채로 두지 마라. 아무것도 없는 상태 또한 디자인해야 한다.

누군가가 삭제했다면?

'빈 페이지'보다 더 어려운 상황은 '삭제'된 경우다. 레딧에서는 한 사용자가 글을 쓰면 다른 사용자가 그 글에 대한 댓글을 달 수 있고, 그렇게 대화가 시작되면 최초 작성자가 자신의 글을 지울 수 있다. 만약 이런 일이 발생한다면 디자인은 어떻게 되는가? 어떤 사용자가 한 웹 사이트로 연결되는 링크를 공유했는데 그 페이지가 사라졌다면? 사용자들이 그 링크를 방문하면 무엇을 보게 되는가?

최악의 시나리오는?

대부분의 사용자가 어떻게 행동할지 생각하지 마라. 그건 너무 쉽다. 사용자가 디자인을 가장 잘못된 방법으로 사용할 수 있는 경우를 상상해야 한다. 사용자가 입력할 수 있는 글자 수를 제한하라. 제목만 있는 게시물이든, 제목은 없고 내용만 있는 게시물이든, 보기 좋게 디자인해야 한다. 포스트를 삭제할 수 있는 버튼을 없애거나, 글이 너무 길어질 때는 생략 부호(문장 끝에 있는 마침표 3개)를 사용하는 것도 방법이다. 사용자가 최초의 콘텐츠를 수정하는 경우에는 글이 수정되었다는 사실을 다른 사람들이 알 수 있도록 작은 메모를 추가하라. 그러고 난 후에는 디자인을 비정상적이고 보기 싫은 이미지들로 테스트해야 한다. '벌거벗은 닌자 연합the Naked Ninja Association'이 계정을 만들면 당신은 내게 고마워할 것이다.

디자인 패턴

디자이너들이 동일한 문제로 골머리를 앓고 있을 때 누군가가 명쾌한 방법으로 문제를 해결하고, 많은 디자이너가 이 솔루션을 사용하게 되면 이를 '디자인 패턴'이라고 부른다.

많이 사용한다고 좋은 디자인인 것은 아니다

좋은 디자인 패턴이 되기 위해서는 솔루션이 일방적이고 사용하기 편해야 한다

어떤 디자인 아이디어는 UI 디자이너가 어려운 기능들을 무시하고 게으르게 사용할 수 있게끔 해준다는 이유로 인기를 얻기도 한다. 그건 누군가가 못생겼다고 그 사람의 머리에 봉투를 씌우는 것과 다를 바 없다.

예를 들어, 페이스북의 '햄버거' 버튼(많은 모바일 애플리케이션에서 숨겨진 메뉴를 나타냄)은 메뉴가 들어갈 자리가 충분히 큰 웹 사이트 화면에서도 사용되기 시작했다. 이 버튼이 많아진 이유는 좋은 메뉴를 디자인하는 것보다 메뉴를 숨기는 것이 더 쉽기 때문이지, 기능이 뛰

어나서가 아니다.

실제로는 사용자 중 상당수가 숨어 있는 '햄버거' 버튼을 전혀 인식하지 못한다. 그래서 기능을 찾아 헤매다 발견하지 못하면 그냥 사이트를 떠나버리거나 길을 잃고 만다. 잘못된 디자인이다. 그리고 게으른 방식이다.

"그렇게 하지 말라고, 바보야."

—제시 핑크맨Jesse Pinkman

지금은 수백 가지 디자인 패턴이 존재하며 디바이스와 기술이 진화함에 따라 디자인 패턴도 함께 변하고 있어 내가 이 모든 것을 알려줄 수는 없다. 인터넷 검색창에 'UI 디자인 패턴'이라고 검색해보면 일반적인 솔루션을 모아놓은 웹 사이트를 많이 발견할 수 있다. 그것들의 수준이 좋은지 나쁜지는 모르겠지만.

Z-패턴, F-패턴,
시각적 계층

모든 사용자가 디자이너가 쓴 글자와 공들여 만든 픽셀을 하나하나 열정적으로
들여다볼 거라고 생각하는가? 꿈 깨라! 사용자들은 절대 그러지 않는다. 그저
대충 훑어본다.

사용자가 스캐닝scanning, 즉 훑어본다는 것은 특히나 눈길을 끄는 무
언가가 있을 때 멈춰 읽는다는 뜻이다. 이번 레슨은 스캐닝 패턴에
관한 것이다.

사용자가 웹 사이트나 애플리케이션을 사용할 때 매번 다른 경험
을 하는 것 같지만, 실제 디자인을 바라보는 방식은 그것이 어떤 디
자인이든 꽤 비슷하다.

Z-패턴

가장 지루한 디자인부터 시작해 보자. 처음부터 끝까지 빈틈없이 활자로만 채워진 신문의 한 지면, 하나의 이야기, 헤드라인 없는 글, 인용구 없는 글……. 바라건대 이런 디자인은 절대 하지 마라. 어쨌든 이런 디자인을 만나면 사용자는 보통 Z-패턴으로 왼쪽 상단부터 오른쪽 하단까지 훑는다. 이러한 레이아웃에서 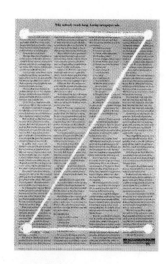 Z-패턴 근처에 있지 않은 내용은 전혀 관심을 끌지 못한다.

내가 시각 디자인을 가르치는 데 많은 시간을 할애하는 이유는 레이아웃을 더 잘 만들 수 있는 방법을 알려주고 싶어서다. 헤드라인을 좀 더 키우고(시각적 무게), 시선이 따라갈 수 있는 하나의 열을 만들고(라인 텐션), 구획을 잘게 나눈다면(반복) 사람들이 그 유명한 F-패턴으로 읽게 만들 수 있다.

F-패턴

사용자의 시선을 쫓아가보면 구글 검색 결과가 훌륭한 F-패턴 예시임을 알 수 있다. 닐슨 노만 그룹Nielson Norman Group의 창립자들은 F-패턴 덕분에 사람들에게 이름을 알릴 수 있었다. 그들은 여전히 좋은 블로그를 운영하고 있고, 읽으면 도움이 되는 보고서를 많이 발행하고 있다.

F-패턴은 이런 식이다.

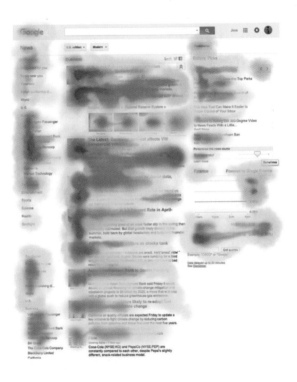

1. Z-패턴과 마찬가지로 왼쪽 상단 모서리에서 시작한다.
2. 본문의 첫 줄(혹은 헤드라인)을 읽는다/스캔한다.
3. 흥미로운 내용을 발견하기 전까지 왼쪽의 열을 따라 아래로 스캔한다.
4. 흥미로운 내용을 좀 더 주의 깊게 읽는다.
5. 계속 아래로 스캔한다.
6. 이 방법을 반복함으로써 스캐닝 패턴이 E, 또는 F처럼 보이게 되고, 그것이 패턴의 이름이 된다.

이것이 중요한 이유

페이지의 어떤 부분은 자연스럽게 사람들의 눈길을 끄는 반면, 다른 부분은 관심을 받지 못한다는 사실을 알았을 것이다. 레이아웃에서 의도된 '강한' 부분과 '약한' 부분이다.

사람들은 왼쪽 상단의 버튼을 오른쪽 상단의 버튼보다 더 많이 클릭할 것이고, 오른쪽 상단 버튼을 왼쪽 하단 버튼보다 더 많이 클릭할 것이며, 왼쪽 하단 버튼을 오른쪽 하단 버튼보다 더 많이 클릭할 것이다. 그리고 다른 특별한 조치를 하지 않는 한, 사람들은 이 모든 버튼을 중간에 무작위로 배치된 다른 것들보다 더 많이 클릭할 것이다.

각각의 콘텐츠 '블록'과 열이 독립적으로 F-패턴을 형성할 수 있다는 점을 알아두면 유용하다. 한 페이지에 F-패턴이 하나일 필요는 없다. 이 이상 내용은 상급 주제이니 다음에 다시 이야기하겠다.

시각적 계층

타이포그래피를 사용해 텍스트의 중요성을 강조하고, 특정 색상을 이용해 중요 이미지에 시각적 무게감을 더하는 방법은 시각적 계층을 만들어 사람들이 재빨리 스캔할 수 있게 해준다. 우리의 눈은 중요한 것에서 다른 중요한 것으로 건너뛰는 식으로 사물을 보지, 로봇처럼 스캔하지 않는다.

일부 디자이너는 시각적 계층이 만들어내는 효과를 심미적인 이유로 좋아하지만, 사실은 스캔이 더 쉬워지기 때문에 좋게 느껴지는 것이다.

페이지 프레임워크

목표도 세웠고, 사용자 리서치도 했고, 인포메이션 아키텍처도 만들었다. 이제는 그 계획들을 행동으로 옮길 차례다.

와이어프레임을 페이지마다 하나씩 만들고 싶겠지만 그러지 마라! 만약 당신이 집을 짓는다면 가구와 방을 생각하기 전에 벽을 세울 것이다. '치수는 두 번 재고 한 번에 잘라라'라는 말도 있지 않은가. 일반적인 규칙은 타투를 하듯 와이어프레임 작업을 하는 것이다. 큰 부분을 먼저 하고 세밀한 부분을 채워야 한다. 이 경우 큰 부분이란 모든 페이지에 들어가는 내비게이션이나 푸터[footer] 같은 구성 요소들을 뜻한다.

푸터

푸터는 정적인 페이지로 연결되는 링크의 목록인데, 그 링크는 보통 메인 내비게이션에 위치하기에는 너무 일반적이고 사소한 내용이라 페이지 측면에 자리한다. 일부 웹 사이트의 푸터 디자인은 실제로 무척 멋지지만 만약 사용자가 빈번하게 그 링크를 이용한다면 푸터에 배치해서는 안 된다.

스스로에게 물어보라.

'끝없이 스크롤해야 하는 페이지가 하나라도 있는가?'

만약 그렇다면 푸터 안에 있는 모든 항목은 다른 곳에도 있어야 한다. 만약 언어 변경 메뉴가 푸터 안에 있는데 언어를 바꾸려고 할 때마다 끝없이 밑으로 내려가야 한다면? 대단히 잘못한 것이다.

내비게이션

메뉴에는 2가지 종류가 있다. 메인 메뉴와 서브 메뉴.

메인 메뉴

만약 인포메이션 아키텍처를 제대로 디자인했다면 메인 메뉴에는 어떤 것들이 들어가야 하는지 이미 알고 있을 것이다. 사이트 맵에서 홈페이지 바로 아래에 위치한 첫 번째 레벨의 링크들 말이다.

메뉴 아이템은 왼쪽에서 오른쪽으로, 또는 상단에서 하단으로, 가장 인기 있는 것부터 인기 없는 것 순으로 구성해야 한다(인기는 개인의 선호가 아니라 사용자의 관심을 기준으로 측정한다).

만약 브랜드의 새로운 메뉴를 작업하는 경우 인기도를 알기 어렵다면, 우선 자신이 할 수 있는 최선의 추측을 바탕으로 진행하고 개발자에게 추후 순서를 조정할 수 있게 해달라고 말해두는 것이 좋다. 그리고 웹 사이트에 트래픽이 생기면 실제 인기와 임시로 해놓은 순서가 일치하는지 확인하고, 아니라면 수정해야 한다.

서브 메뉴

서브 메뉴는 사용자가 사이트 맵의 어느 페이지에 있든 '그 하위'에 존재하는 페이지들의 목록이다. 그런데 당신은 사이트 맵을 만들었는가? 유후! 다행이다.

서브 메뉴에 있어 중요한 점은 링크가 늘 바뀌더라도 이상적으로는 서브 메뉴가 모든 페이지에서 항상 같은 위치에 있어야 한다는 것이다. 그렇게 하면 사용자는 어디에서 서브 메뉴를 찾아야 하는지 금방 알 수 있다.

하나의 메뉴에 모든 것을 담지 마라

누군가가 자기가 디자인한 메가 메뉴mega-menu가 실현 가능한 최상의 아이디어라고 이야기하는 모습을 볼 때마다 깜짝 놀라곤 한다. 그건 사실 인포메이션 아키텍처(그리고 정보 설계자)가 형편없다는 뜻이다.

하나의 메뉴에 모든 것을 집어넣는 것은 우주에서 가장 게으른 디자인이다. 그것보다는 좀 더 잘해야 한다.

메뉴는 데이트와 같다. 만약 당신에게 7~8명보다 더 많은 사람이 필요하다면 누군가의 마음은 무척 아플 것이다. 그리고 아마 당신의 마음도.

요약

콘텐츠를 채우기 전에 애플리케이션에 있는 모든 페이지와 화면에 들어가는 내비게이션과 푸터를 만들어놓아라. 나중에 내게 고마워할 것이다.

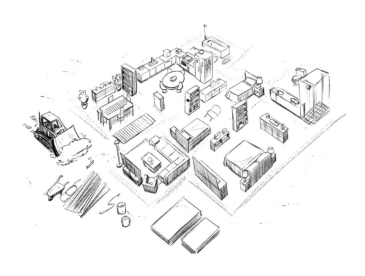

폴드, 이미지, 헤드라인

UX 디자인 업무를 하는 동안 사람들에게 자주 받는 질문이 있을 텐데, 일부에 대해서는 질문을 받지 않더라도 미리 생각해두어야 한다.

폴드 Fold

가장 오랫동안 일반적으로 받아온 오해 중 하나가 '폴드'에 관한 것이다. 폴드란, 사용자가 스크롤을 하기 전에 보이는 디자인 영역을 뜻한다. 폴드 위에 있는 영역 전체는 사용자의 눈에 잘 보인다. 그러나 한 연구에 따르면 사용자 중 60~80%가 폴드 아래에 흥미로운 것이 있을 것 같으면 즉시 스크롤을 내린다고 한다.

폴드 위에 어떤 내용이 있든 상관없이 폴드 아래에 무엇이 있는지 사용자가 알 수 있어야 한다. 그렇지 않으면 사용자는 찾아볼 생각도 하지 않을 것이다.

이미지

상당수의 UX 디자이너가 이미지를 기능과 상관없는 것처럼 여긴다. 하지만 이미지는 사용자의 시선을 유도할 수 있으므로 잘 활용해야 한다. 특히 레이아웃에서 인물의 이미지는 사용자의 시선을 끄는 가장 강력한 수단이다. 일반적으로는 이미지에 감정이 더 많이 실릴수록 사람들의 관심을 끄는 효과가 있다.

핵심 팁

인물의 이미지를 사용할 때는 그 인물의 시선이 어디로 향하는지가 중요하다. 사용자의 시선을 유도하고 싶은 곳으로 향하게 하라. 이것이 얼마나 큰 효과를 내는지 알게 되면 깜짝 놀랄 것이다.

그것 봐, 여기 보잖아!

헤드라인

인물 이미지를 제외한다면 우리의 시선은 레이아웃에서 가장 크고 콘트라스트가 높은 텍스트로 가기 마련이다. 따라서 사람들이 스캔을 시작하는 곳에 헤드라인을 배치시켜야 한다.

헤드라인 아래에는 가장 중요한 내용이 배치되어야 한다. 만약 그 콘텐츠가 별로 중요하지 않다면 그것에 필요 이상의 주의를 집중시킨 것이고(다른 콘텐츠에서 관심을 뺏은 것이고), 만약 콘텐츠가 헤드라인과 그다지 연관이 없는 내용이라면 사용자는 헤드라인만 읽고는 다른 관심거리를 찾아 떠날 것이다.

요약

- 사용자가 스크롤하기 전에 관심을 끌 만한 것을 제공하라.
- 폴드 아래에도 내용이 있다는 것을 분명히 알려주어라.
- 감정이 드러나는 이미지를 사용해 사용자의 시선을 유도하라.
- 가장 중요한 내용 근처에 헤드라인을 배치하라.

인터랙션 숨

UX 디자인에서 가장 많이 나오는 질문 중 하나는 바로 이것이다. "버튼이 왼쪽에 있어야 할까, 아니면 오른쪽에 있어야 할까?" 글쎄, 사실 그건 때에 따라 다르다. 시각적 엣지를 어디에 두느냐에 달렸다.

이 아이디어는 믿기 어려울 만큼 단순하다. 인간의 관심은 극히 제한적이다. 우리는 한 번에 한 가지에만 집중할 수 있다. 다람쥐든, 재밌는 리얼리티 쇼든, 노출이 심한 수영복이든. 그러니까 하나의 콘텐츠에 집중하고 있을 때는 효율적이게도 다른 콘텐츠는 눈에 들어오지 않는 것이다.

믿기지 않는가? 당신이 이 선택적 집중 테스트를 통과할 수 있는지 확인해보자.

재미있는 사실

사람들에게 노출이 심한 수영복을 입은 남성과 여성의 사진을 보여주고 시선이 어디로 향하는지 조사했다. 그 결과, 여성들은 남성들보다 여성의 가슴을 더 많이 쳐다보고, 남성들은 여성들보다 남성의 가랑이 부분을 더 많이 쳐다보는 것으로 나타났다. 이는 성적 매력도와 관계없이 인간이 자연 상태에서 어떻게 경쟁 상대를 가늠하는지를 알려준다.

엣지를 찾아라

당신은 디자인을 할 때마다 이 책에서 배운 시각적 원칙들을 활용하게 될 것이다. 이제 한 발 뒤로 물러나 레이아웃을 보면 당신이 만들어낸 '라인'이나 '엣지', '구획'들이 여기저기에 자리 잡고 있는 것이 보일 것이다.

텍스트 가장자리에 맞춰 정렬되어 있을 수도 있고, 이미지나 특정 행에 맞춰 정렬되어 있을 수도 있다. 각각의 엣지는 인터랙션 축^{The Axis of Interaction}이다. 당신의 시선은 그 축이 끝나거나 다른 것이 방해하기 전까지 축을 따라갈 것이다. 사용자의 관심은 보통 인터랙션 축에 고정되어 있고, 그 관심이 사라지면 다른 인터랙션 축으로 이동한다.

그러므로 사람들이 클릭하기를 바라는 버튼이 있다면 인터랙션 축 위에(아니면 근처에) 두어라. 반대로 사람들이 클릭하기를 원하지 않는 버튼이 있다면 다른 위치에 두어라. 어떤 요소든 축으로부터 멀리 떨어져 있을수록 볼 확률이 낮아지고, 보지 못하므로 클릭할 수 없게 된다.

인터랙션 축

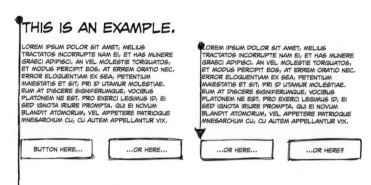

인터랙션 축은 가상의 '엣지'로서 당신의 시선이 자연스럽게 닿는 곳이다. 축에
가까울수록 사용자의 눈에 쉽게 띈다.

폼

디자인 일을 하다 보면 사용자가 정보를 입력하는 방식을 디자인해야 할 때가 있다. 폼Form은 사용성 측면에서 시간을 많이 할애하게 되는 부분이다. 혼란과 오류, 무응답 같은 문제들이 있겠지만 웹 사이트에서 가장 중요한 부분 중 하나라는 것을 잊어서는 안 된다.

만약 폼이 디자인에서 중요하지 않다면 왜 폼을 쓰겠는가? 참, 내가 혼란과 오류, 무응답 문제가 있다고 말했던가?

긴 페이지 하나? 짧은 페이지 여러 개?

UX 디자이너와 마케터가 폼과 관련해 가장 많이 하는 질문은 바로 이것이다.

"얼마나 긴 게 너무 긴 걸까?"

폼을 최대한 짧게 만드는 것은 일반적으로 좋은 원칙이지만, 이해하기 쉽게 만들 수만 있다면 여러 페이지로 나누어도 상관없다. 사용자가 중간에 그만둬도 입력 내용이 저장될 수 있도록 단계별로 페이지를 나누는 것도 좋다. 이때 중요한 점은 폼이 간단하게 느껴져야 한다는 것이다. 연관 질문을 한데 모아두고, 진짜 필요한 사항만 질문하고, 당신이 필요한 만큼 충분히 페이지를 사용하라. 많이도 말고, 적게도 말고.

양질의 답을 얻을 수 있는 입력 유형을 선택하라

폼의 목적은 사용자가 입력하는 정보를 수집하는 데 있다. 그리고 정보를 수집하는 방법은 매우 다양하다. 표준 텍스트 입력창을 이용하든 완전히 사용화된 슬라이더를 이용하든 상관없지만, 양질의 답을 얻을 수 있는 가장 좋은 입력 유형을 선택해야 한다.

예를 들어 사용자에게 가장 마음에 드는 염소를 선택하게 한다고 가정해보자. 체크 박스나 라디오 버튼은 모두 사용자가 목록에서 옵션을 선택하는 방식이다. 그러나 체크 박스는 사용자가 2가지 이상의 옵션을 선택할 수 있고, 라디오 버튼은 하나의 옵션만 선택할 수 있다. 사용자로부터 가능한 많은 응답을 받아야 한다면 체크 박스를, 좀 더 선택적인 응답이 필요하다면 라디오 버튼을 이용하는 것이 좋다.

라벨을 적절하게 사용하라

입력해야 할 내용을 알려주는 라벨은(라벨이 없다면 사용자가 어떤 내용을 입력해야 할지 어떻게 알겠는가?) 짧고 분명하며 읽기 쉬워야 하고, 입력창 가까이에 위치해야 한다. 그렇게만 하면 라벨 관련 문제는 99% 해결된다.

종종 질문이 낯선 내용이거나 복잡할 때는 설명이 필요할 수도 있다. 그럴 때 약간의 설명을 덧붙이면 도움이 된다. 몇 개의 단어로 설명할 수 있다면 라벨과 입력창 근처에 두는 것이 좋다. 그러나 문장이 길어지면 폼 안에 두는 것보다는 폼의 측면으로 이동시켜 이미 내용을 알고 있는 사용자의 흐름을 방해하지 않아야 한다.

이 내용과 관련해 더 알고 싶은 것이 있다면 루크 로블르스키[Luke Wroblewski]가 쓴 《웹 폼 디자인[Web Form Design]》을 읽어보기 바란다.

최대한 우아하게 오류를 처리하라

폼에는 언제나 오류가 존재한다. 따라서 사전에 오류를 방지하고, 그래도 오류가 발생한다면 최대한 우아하게 처리해야 한다.

입력창에 약간의 기능을 추가함으로써 오류를 방지할 수 있다. 예를 들어, 텍스트 창에 전화번호를 입력해야 한다면, (000)000-0000, 000 000 0000, 0000000000, 000.000.0000과 같이 몇 가지 형식을 처리할 수 있도록 만들어라(이에 관해 개발자와 논의하라).

사용자가 당신이 기대하는 정보를 입력할 수 있도록 예시를 보여주는 것 또한 오류를 줄일 수 있는 방법이다. 예시는 텍스트 창에 직접 기재할 수도 있고, 폼의 측면에 다른 설명과 함께 덧붙일 수도 있다.

사용자가 실수하거나 질문을 놓친다면 그들이 수정할 수 있도록 알려줘야 한다. 만약 입력한 내용이 검증할 수 있는 정보라면 그것이 올바른지 혹은 틀린지를 체크 표시나 'X' 표시로 알려줄 수 있다. 이를 인라인 에러 핸들링Inline error handling이라 부른다. 패스워드 입력창 또한 이 방법을 사용해 당신이 입력한 패스워드가 약한지 강력한지를 알려준다.

반면 사람 이름처럼 입력한 내용이 검증할 수 없는 정보라면 인라인 에러 핸들링을 사용해서는 안 된다.

사용자가 '다음'이나 '완료' 버튼을 클릭할 때 폼에 오류나 놓친 질문이 없는지 확인할 수 있게 하라. 문제가 있을 때는 사용자가 어떤 부분을 놓쳤고 왜, 무엇이 틀렸는지를 분명히 알 수 있도록 시각적으로 나타내야 한다.

폼의 하단에서 오류를 확인할 수 있도록 만들어라! 만약 사용자가 상단까지 스크롤해야 어디가 틀렸는지 알 수 있다면 그들은 망설이지 않고 떠나버릴 것이다.

속도 vs 오류

이 내용은 약간 고급 과정이긴 하지만 대단히 유용하다. '이름'이나 '이메일' 같은 일반적인 질문을 해야 할까, '벨벳 예술 작품 중 가장 좋아하는 종류는 무엇인가'와 같은 특이한 질문을 해야 할까?

일반적인 질문의 경우, 폼의 라벨을 입력창 위에 왼쪽 정렬로 배치하면 사용자가 쉽게 진행할 수 있다. 이는 모든 내용을 인터랙션 축 위에 있게 하기 때문이다. 특이하고 복잡한 질문의 경우, 라벨을 입력창 왼쪽 측면에(같은 줄에) 배치한다면 사용자의 속도를 약간 떨어뜨리겠지만 오류가 적게 발생한다.

대부분의 폼은 '완료' 버튼을 왼쪽 인터랙션 축 위에 두는 것이 좋다. 만약 폼의 내용이 논란의 여지가 있거나 심각한 주제를 다룬다면 '완료' 버튼을 오른쪽에 두고 사람들이 반사적으로 클릭하는 대신 잠깐 멈춰 생각할 수 있게 하는 것이 좋다.

휴, 한 레슨에서 많은 내용을 배웠다. 잘 따라왔다!

주요 버튼과 보조 버튼

사용자는 디자인에 있는 것들을 클릭하거나 탭^{tap} 할 수 있다. 그중 일부 행동은 디자이너가 목표를 달성하는 데 도움이 되지만 몇몇은 그렇지 않다.

위 그림을 보자. 2개의 버튼이 있다(그렇다고 탭하지는 마라). 일반적으로 대다수의 사용자 행동은 다음 2가지 범주 중 하나에 속하기 때문에 2개의 버튼 스타일만 있으면 된다.

1. 우리의 목표를 이루는 데 도움이 되는 주요 행동
2. 우리의 목표를 이루는 데 도움이 되지 않는 보조 행동

주요 버튼

사용자가 할 수 있는 행동 중 일부는 가입, 구매, 저장, 송부, 공유, 콘텐츠 제공 등과 같이 생산적이다. 이러한 행위는 이전에는 존재하지 않았던 것을 생산한다. 이를 '주요 행동'이라 하며, 우리는 사용자들이 가급적이면 주요 행동을 더 자주 하기를 바란다.

그러므로 주요 행동을 실행하는 버튼, 즉 주요 버튼은 최대한 눈에 잘 띄어야 한다. 책에서 배운 원칙들을 이용하면 된다.

주요 스타일

배경과 확연히 구분되는 높은 콘트라스트(색상 또는 색조의 강한 대비)

레이아웃 내 위치

사용자가 보는 즉시 반사적으로 알아차릴 수 있도록 인터랙션 축 위 혹은 근처에 두기

보조 버튼

사용자가 할 수 있는 행동 중 일부는 취소, 건너뛰기, 재설정, 제안 거절처럼 비생산적이다. 이러한 행위는 새로운 것을 창작하지 못하게 하거나 저해한다. 이를 '보조 행동'이라 하며, 우리는 사용자들이 보조 행동을 하지 않길 바라지만 사용성 측면에서는 옵션을 제

공해야 한다.

그러므로 보조 행동을 실행하는 버튼, 즉 보조 버튼은 실수로 누르거나 반사적으로 클릭하는 경우를 막기 위해 눈에 덜 띄는 곳에 배치해야 한다.

보조 스타일

배경과 비슷하도록 낮은 콘트라스트(비슷한 색상 또는 색조)

레이아웃 내 위치

사용자가 필요할 때 의식적으로 찾아야만 보일 수 있도록 인터랙션 축에서 멀리 떨어진 곳에 두기

중요 버튼

간혹 계정 삭제처럼 비생산적인 행동이 중요할 때가 있다. 이러한 행동은 레이아웃상 보조 위치에 주요 스타일로 디자인해야 한다. 사용자가 그 버튼을 찾을 수 있게 해줘야 하지만 실제 실행하기 전에 그들이 다시 생각해보길 원하기 때문이다. 이런 종류의 버튼은 행동의 중요성을 상기하기 위해 경고를 뜻하는 색(빨강, 오렌지, 노랑 등)으로 디자인하는 것이 좋다.

특수 버튼

때로는 당신의 웹 사이트나 애플리케이션에서만 실행하는 특별한 유형의 행동이 있을 텐데, 여기에는 특별한 관심이 요구된다. 그럴 때는 특수 버튼을 디자인해 사람들의 시선을 끌어당겨야 한다(패턴 깨기).

아마존의 '원 클릭 구매' 버튼, 핀터레스트의 '핀잇$^{pin\ it}$' 버튼, 페이스북의 '좋아요' 버튼은 모두 이 디자인 처치를 받은 것이라 할 수 있다(좀 더 혹은 좀 덜).

적응형 디자인과 반응형 디자인

UX는 만능이 아니다. 결국은 거대한 웹 디자인을 여러 종류의 작은 디바이스에 맞춰야 한다. 당황할 필요 없다. 적응하면 된다.

각각에 맞게 설계하는 적응형 디자인Adaptive Design

많은 초보 디자이너가 적응형 디자인과 반응형 디자인을 구분하지 못한다. 적응형 디자인은 주요 디바이스 몇 개를 골라 각각에 맞게 설계한 디자인을 뜻한다. 예를 들어 당신이 인터넷 쇼핑몰을 운영한다면 고객은 모바일 디바이스나 데스크톱을 통해 쇼핑몰을 방문할 것이다. 그렇다면 작은 휴대전화 크기 버전과 상대적으로 큰 데스크톱 버전, 2가지를 디자인해야 한다. 스마트폰을 통해 방문하는 사용자는 작은 버전을 보게 될 것이고, 데스크톱을 통해 방문하는 사용자는 큰 버전을 보게 될 것이다.

이것이 내용의 전부다. 적응형 디자인은 만들기가 쉽고 시간이 적게 걸린다. 반응형 디자인과 비교했을 때 매우 정적이라 많은 디자이너가 모바일 버전과 웹 버전을 포스팅하고는 반응형 디자인이라고 하는데, 잘못 알고 있는 것이다.

모든 스크린에 적용되는 반응형 디자인^{Responsive Design}

반응형 디자인은 윈도우 사이즈가 달라지면 그에 맞춰 '늘어나고' '조정'되기 때문에 디바이스의 종류와 스크린 해상도에 상관없이 완벽하게 작동한다. 이런 마법 같은 반응이 어떻게 일어나는 건지 궁금한가? '브레이크 포인트^{break point}' 덕분이다.

레이아웃이 영원히 늘어나면서도 계속 형태를 유지하는 것은 불가능하다. 그러므로 언제 어떤 기능을 보여주거나 숨길 건지, 디자인이 '틀어지기^{break}' 전에 어디까지 늘어나게 할 건지, 그래서 언제 레이아웃을 변경해 해당 사이즈에서 더 잘 보이게 할 건지 등을 결정해야 한다. 이렇게 하고 나면 디바이스가 페이지를 로딩할 때, 윈도우가 커지거나 작아질 때 웹 사이트가 디자인을 자동으로 조정해 모든 사용자에게 완벽한 경험을 제공한다.

UX를 깊이 공부하게 된다면 반응형 디자인에 좀 더 집중해보기 바란다.

새로 할까 수정할까

완전히 새로운 것을 만들어내는 것과 기존에 있는 것을 수정하는 것 중 하나를
선택해야 하는 때가 올 것이다.

때로는 아예 처음부터 새로 디자인하는 것이 나을 때가 있다. 당신
의 회사가 1998년에 만든 웹 사이트를 지금까지 유지하고 있어 한
때는 전문성의 상징이었던 총천연색 유니콘 애니메이션 배경이 남
아 있는 경우 특히 그렇다.

때로는 예전 디자인을 약간 개선하는 것이 나을 때가 있다. 브랜드
대표 색상만 기분 좋은 숲의 초록색에서 상쾌한 민트 초록색으로
변경하고 나머지 기능은 그대로 유지하는 경우처럼 말이다.

이건 답이 보이는 명백한 경우들이다. 머리를 쓸 필요가 없다. 그러
나 웹 사이트를 만든 지 2년이 되었는데 일부 사용자가 당신의 디
자인이 경쟁사보다 떨어진다고 말한다면? 이건 좀 어렵다.

무엇이 문제인지부터 밝혀라

무엇을 해결해야 하는지 모른다면 해결 방법도 알 수 없다. 그러니 가장 먼저 당신이 목표하는 바가 무엇인지 정확히 밝히고, 그 목표와 현재 디자인이 얼마나 동떨어져 있는지 파악해야 한다.

만약 버튼이 사용자 눈에 잘 띄지 않는 것 같다면 버튼 색깔을 바꿔 문제를 해결할 수 있다. 그러나 웹 사이트 구조가 도널드 트럼프 Donald Trump의 대선 캠페인만큼 말이 안 된다면 이 문제를 풀기 위해서는 좀 더 큰 변화가 필요하다.

가장 작은 것부터 바꿔라

때로는 모든 것을 바꾸는 것이 하나만 바꾸는 것보다 더 간단하다. 문제를 감지했고 문제를 해결하기 위해 무엇이 필요한지 알고 있다면 크고 멋진 방법을 찾으려고 애쓰지 마라. 그 일을 해결하기 위한 가장 쉬운 방법을 찾아야 한다.

예를 들어 메뉴가 혼란을 준다면 메뉴 라벨을 명확히 함으로써 문제를 해결할 수 있다. 텍스트를 변경하는 것은 디자인하기도 쉽고 테스트도 간단하다. 이것으로 충분하지 않다면 크로스링크cross-link를 추가해 사용자가 잘못된 페이지로 가더라도 원하는 것을 쉽게 찾을 수 있도록 하자. 문제없다.

그것도 충분하지 않다면 홈페이지를 다시 디자인해 다소 찾기 어려운 인기 메뉴들로 갈 수 있는 쇼트커트 기능을 제공할 수도 있다. 그것도 충분하지 않다면 몇 개의 페이지를 이동시키거나 이어 붙여 사용자가 원하는 위치에 둘 수도 있다.

하지만 코드가 너무 오래되었거나, 형편없는 내용 관리 시스템을 기반으로 만들어졌거나, 다른 더 큰 부분들이 동시에 변경되어야 하거나, 회사가 돈을 다른 방법으로 벌고 싶어 한다면 내가 앞서 설명한 방법들처럼 수정하는 것이 어려울 것이다. 웹 사이트 전체를 쓰레기통에 버려버리고 아예 처음부터 시작하는 것이 나을 수도 있다.

새로운 디자인은 구닥다리 디자인을 모두 없앨 수 있지만 기존 데이터 사용과 기대 충족 문제가 있어 조심히 다루어야 한다. 페이스북이 내일 당장 완전히 다른 디자인을 내놓는다면 새로운 디자인이 아무리 좋다 한들 사람들은 모두 분개할 것이다. 어떤 방법을 사용하든 사용자가 새로운 디자인에 적응할 수 있도록 도움을 주어야 한다.

때로는 덜 하는 것이 최고의 디자인이 될 수 있다

기능을 추가하는 일이 언제나 좋은 선택이 될 수는 없다. 무언가를 빼고도 문제를 풀 수 있는지 스스로에게 계속 질문해야 한다. 그건 그럴 만한 가치가 있는 일이다. 아무도 관심 갖지 않는 옵션이 너무 많아 내비게이션이 헷갈릴 수도 있다. 사용자가 스캔하기에 콘텐츠가 지나치게 많을 수도 있다. 배우기에 기능이 너무 많을 수도 있다. 이 모든 걸 이해하며 기다려줄 사람은 없다! 따라서 자동 기능을 만들어 사용자의 짐을 덜어줄 필요가 있다. 인터페이스의 경우 대개 더 적은 것이 낫다.

터치 vs 마우스

모든 인터페이스에 적용되는 심리는 비슷하겠지만 실제 세부적으로 들어가면 디바이스의 기능에 따라 완전히 달라지기도 한다.

마우스가 손가락보다 나은 점

작은 화살표 모양의 마우스 포인터는 화면 위에서 생생히 움직이는, 당신의 손가락이 좀 더 길어진 것과 비슷하다. 화면 근처로 직접 가지 않더라도 마우스를 통해 더 큰 화면과 상호작용할 수 있다. 마우스가 가진 몇 가지 이점을 살펴보자.

작고 정확하다

마우스 포인터는 물리적으로 존재하는 '물체'가 아니기 때문에 이론적으로는 어떤 크기도 될 수 있지만 작을수록 정확하다. 마우스는 기술적으로 한 개의 픽셀까지 선택할 수 있다. 픽셀 단위 버튼을 추천하지는 않지만. 그러므로 미세하고 정밀한 작업이 필요할 때는 마우스를 사용하는 것이 좋다.

화면 속에 존재한다

마우스 포인터는 언제나 화면 속에 존재한다는 점에서 사무엘 잭슨[Samuel L. Jackson]과 비슷하다. 그리고 컴퓨터는 그것의 위치를 인식한다. 마우스의 가장 큰 장점은 클릭을 하지 않고도 변화를 줄 수 있다는 점이다. 사용자가 포인터를 버튼이나 메뉴 위에 갖다 대기만 해도(즉 공중에 떠 있는) 인터페이스의 색이 변하거나 존재하는지도 몰랐던 옵션을 드러낼 수 있다. 이를 '발견'이라 한다.

쉽게 선택할 수 있다

마우스는 글자 사이의 틈을 클릭할 수도 있고, 클릭-드래그를 통해 특정 영역을 선택할 수도 있다. 손가락을 이용해 터치-드래그를 할 때 시야를 가리는 스크롤 방식에 비해 큰 이점이 있다. 그러므로 미세한 조정이 요구되는 텍스트/이미지 수정 작업을 하거나 정확성이 요구되는 게임 작업을 할 때는 마우스 포인터가 훨씬 빠르고 유용하다.

옵션을 숨겨놓을 수 있다

마우스 우측 버튼(맥에서는 커맨드-클릭)을 누르면 숨겨져 있던 메뉴나 고급 기능이 나타난다. 그러므로 스크린에 옵션을 띄워놓는 대신 마우스 포인터 속에 쇼트커트 기능을 숨겨놓을 수 있다. 일부 터치 기반의 애플리케이션 또한 터치-홀드 콘셉트로 이와 비슷한 기능을 수행하지만 눈에 잘 띄지 않고 반응이 느리다.

모양을 변경할 수 있다

마우스 포인터는 손가락과 달리 언제든 원하는 모양으로 바꿀 수
있다. 화살표, 손, 아이콘, 작고 귀여운 아기 돼지 등. 또 커서가 링
크에 가까이 가면 마우스 포인터가 손 모양으로 변해(터치하는 모습이
군!) 사용자가 클릭이 가능하다는 사실을 알 수 있다. 많은 소프트웨
어가 시각적 피드백을 풍성하게 제공하기 위해 이 점을 활용한다.

손가락이 마우스보다 나은 점

대부분의 사람이 가지고 있는 이 10개의 나쁜 녀석들은 진화라는
섭리에 따라 만들어졌으며 툴을 디자인하는 데 뛰어난 자질을 가
졌다. 그 충실한 손가락이 가진 몇 가지 이점을 살펴보자.

촉각을 통해 피드백을 받을 수 있다

손가락은 피부 안에 신경 조직이 있어 무언가를 만졌을 때 뇌에 해
당 사실을 전달한다. 즉 당신의 손가락이 화면을 만졌다면 사실을
인지하기 위해 시각적 피드백을 받을 필요가 없다는 뜻이다. 하지
만 시각적 피드백은 여전히 있는 것이 좋다. 그러나 가까운 미래에
는 손가락의 촉각을 통해 피드백을 느낄 수 있는 디바이스가 나올

지도 모른다.

인터페이스에 직접 작용한다

버튼을 클릭하고 싶을 때 마우스를 찾을 필요 없이 버튼에 손가락을 터치하면 된다. 별일 아닌 것처럼 들리겠지만 두뇌의 부담을 훨씬 줄여준다.

물리적인 특성이 적용된다

인터페이스에 직접 닿을 수 있다는 사실이 의미하는 것은 실제 존재하는 물리적 특성이 적용되기 시작했다는 뜻이다. 크게 만들고 싶은가? 두 손가락으로 늘려라. 작게 만들고 싶은가? 두 손가락으로 좁혀라(핀치 기능). 위로 올리고 싶은가? 손가락을 댄 상태로 위로 슬라이드하라. 당신은 '아래로' 스크롤하는 것이 콘텐츠를 '위로' 올리는 것이라는 사실을 알아차리지 못했을 수도 있다. 터치 디바이스가 출현하면서 '위로' 올리는 것이 위로 가는 것을 뜻하고, '아래로' 내리는 것이 아래로 가는 것을 뜻하던 시대는 갔다.

언제나 이용 가능하다

터치스크린에서는 타이핑을 하고 클릭을 하고 선택을 할 때 모두 같은 것을 이용한다. 바로 10개의 손가락! 사용하지 않을 때조차 그것들이 어디에 있는지 알고 있으며, 잃어버릴 일도 절대 없다.

멀티터치를 이용한다

손으로 하는 제스처는 대화의 일부로 늘 존재해왔기 때문에(손이 기능하는 데 문제가 없다는 전제하에) 스와이프나 핀치 기능을 사용하는 데 별 어려움이 없다. 간혹 사람들에게 제스처 사용법을 알려줘야 할 때도 있는데, 너무 복잡하거나 이상한 제스처를 쓰지 않도록 유의해야 한다. 만약 약간 복잡한 제스처가 필요하다면 2개 이상의 손가락을 활용하는 멀티터치를 이용하는 것이 좋다.

충분히 훈련되었다

사람은 보통 네 살 무렵 기본적인 운동 능력을 갖추게 된다. 우리는 아이들이 성인만큼 스마트폰을 잘 조작하는 것을 통해 그 사실을 확인할 수 있다. 그러나 동일한 아이들이 마우스를 사용할 때는 덜 편안해하고 방향을 잡기 위해 종종 마우스를 쳐다보기도 한다.

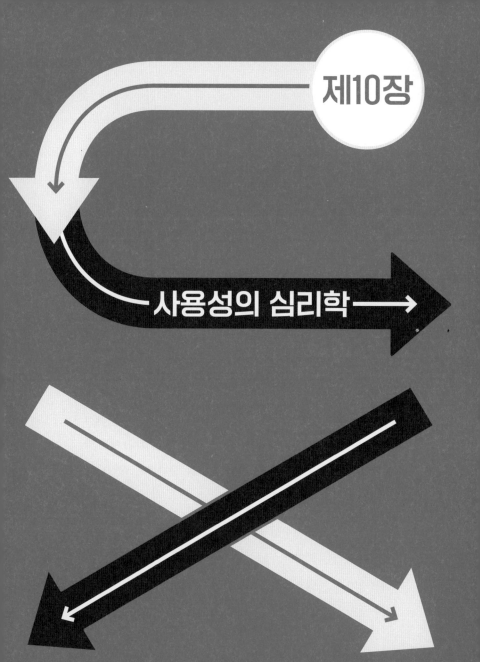

제10장

사용성의 심리학 →

사용성

디자인은 사용자가 작업을 끝내기 위해 얼마나 많이 생각해야 하는지를 결정한다. '생각하지 않기'부터 '열심히 생각하기'까지 척도를 나누면 그것이 바로 사용성 척도가 된다.

UX에 관한 잘못된 통념 중 하나는 사용성이 뛰어난 것은 보기에도 더 즐겁다는 것이다. 어떤 제품이나 서비스가 사용성이 높아 보이는 것은 불가능하다. 만약 디자인에 관해 그런 말을 하는 사람이 있다면 무시해도 좋다.

사용자에게 어떤 디자인이 가장 사용성이 높다고 생각하는지 물어본 결과, 효율성보다는 심미성과 연관된 답변이 더 많았다. 이는 디자인의 사용성을 평가할 때 사용자의 의견을 신뢰하기 어렵다는 사실을 보여준다.

- 아름답지 않은 디자인의 물건이 더 많이 팔린다면 그것은 사용성이 높다는 의미다.
- 아름답지 않은 내용인데도 사람들이 더 많이 읽는다면 그것은 사용성이 높다는 의미다.

- 아름답지 않은 디자인인데도 사용자가 더 많이 가입한다면 그 것은 사용성이 높다는 의미다.

심미성과 사용성 중 하나를 선택해야 하는 경우가 종종 생길 텐데, 언제나 사용성을 선택해야 한다.

사용성 = 인지 부하 Cognitive Load

인지 부하란 사용자의 두뇌가 매우 작은 일이라도 완료하는 데 요구되는 처리 능력을 뜻한다. 몇 가지 예를 들어보겠다.

- 다른 일을 하는 것보다 하던 일을 계속하는 것이 덜 힘들다.
- 처음 어떤 걸 찾는 것보다 다시 찾는 것이 덜 힘들다.
- 복잡한 단어보다 간단한 단어를 읽는 것이 덜 힘들다.
- 불평하는 것보다 동의하는 것이 덜 힘들다.

디자인(그리고 삶)에 있는 모든 내용은 사용자(당신)와 긍정적인 목표 사이에 존재하는 인지 부하의 양을 줄일 수 있어야 한다. 모든 내용과 모든 순간에 사용성이 적용되어야 한다.

심미성을 무시하지 마라

그렇다고 심미성이 UX와 무관한 것은 아니다. 사람들은 예쁜 것을 보면 좀 더 쉽고 빠르게 결정한다. 아름다운 디자인은 다운로드도 빨리하게 하고, 신뢰도 금방 형성하며, 더 설득력 있게 보인다. 심미성이 실제로 사용성을 강화하는 건 아니지만 그렇게 느끼게 할 수는 있으며, 그 사실은 매우 중요하다.

UX에서 디자이너가 할 일은 심미성을 테스트하고 측정하며 리서치하는 것이지, 아름다움 자체를 창조하는 것이 아니다. 다음 레슨에서는 사용성을 높일 수 있는 심리적 요소들에 대해 배우게 될 텐데, 외부에서 보기에는 변화를 느끼지 못할 수도 있다.

심리학을 이용해 디자인을 테스트하고 결정해야 한다. 그러다 보면 최종 디자인으로 뽑힌 것이 조금 덜 예쁠 수도 있다. 그렇다고 못생겼다는 이유로 무언가를 선택해서는 안 된다. 추함이 사용성을 보장하는 것은 아니다.

단순하게, 분명하게, 빠르게, 최소한으로

UX 디자이너는 언제나 사용자에게 더 나은 기능을 제공하기 위해 노력한다. 그러나 각각의 다른 상황은 다른 접근 방식을 요구한다. 사용성에 대한 4가지 사고방식을 비교해보자.

UX에서 휴리스틱이라는 용어를 들어봤을 것이다. 휴리스틱이란 문제를 해결하는 접근 방식, 또는 전략이다. 더 많은 사람으로 하여금 복잡한 프로세스를 끝내게 하고 싶다고 가정해보자. 결제나 가입, 공항의 전신 스캐너 통과 같은 경우들 말이다.

다음은 휴리스틱에 대해 생각해볼 수 있는 4가지 방식이며, 각각은 저마다의 장단점을 가지고 있다.

더 단순하게

UX 디자이너가 되고 나면 곧 누군가가 7페이지짜리 등록 절차를 가져와 단순하게 만들어달라고 요청할 것이다.

이렇게 할 수 있다:

- 이메일 주소 재확인 같은 불필요한 질문을 삭제하라.
- 자동으로 정보를 감지하라. 신용카드 정보 중 카드 회사 같은 정보는 묻지 않아도 확인할 수 있다.
- 정보를 나누어 입력해달라고 요청하는 대신 전화번호처럼 자동으로 형식을 완성하라.

이러한 간소화의 단점은 정보가 빈약하고, 설계하는 데 시간이 오래 걸린다는 것이다. 또 이메일 주소 확인 과정을 거치지 않으면 오타가 생길 경우 가입 자체가 되지 않을 수도 있다.

더 분명하게

더 분명한 질문을 만드는 것은 별로 어렵지 않다.

이렇게 할 수 있다:

- 국가와 같은 정보는 직접 쓰게 하는 대신 목록에서 선택하게 하라.
- '당신의 이름'처럼 모든 질문에 매우 명확한 설명을 붙여라.
- 복잡한 질문은 몇 가지로 나누어 이해하기 쉽게 만들어라.

모든 것을 분명하게 설명하는 디자인의 단점은 질문이 많아지고 사용자가 읽을거리가 많아진다는 것이다. 이는 단순화 전략에 반하는 방법이다.

더 빠르게

간혹 어떤 프로세스는 사용자가 과거에 많이 해봤거나 미래에 많이 수행하게 되는 것일 수도 있다. 시간이 흐름에 따라 사용자가 수행하는 데 걸리는 시간을 단축시켜줌으로써 전환율을 급격히 증가시킬 수 있다.

이렇게 할 수 있다:

- 사용자에게 주소를 저장하게 하고 다음부터는 자동 완성 기능을 쓰게 하라.
- 가장 일반적인 디폴트를 만들어두고 대부분의 사람이 바꿀 필요 없게 만들어라.
- 로그인한 회원들에게는 아마존의 원 클릭 구매처럼 쇼트커트 기능을 제공하라.

속도를 강조한 디자인의 단점은 유연성이 떨어진다는 것이다. 변화를 만들면 속도가 느려진다. 그리고 끝까지 계속 클릭, 클릭, 클릭만 하다 보면 오류가 발생하기 쉽다.

최소한으로

상당수의 디자이너가 미니멀리즘이 디자인을 단순하게 만들거나 숨겨둔 메뉴에 옵션을 숨기는 것이라고 생각한다. 절대 그렇지 않다. 미니멀리즘은 덜 하면서 더 잘하는 것이다.

이론적으로 미니멀리즘은 더 단순하고 더 쉽고 더 빠른 디자인을 뜻한다. 예를 들면, 아웃룩^{Outlook}이라는 이메일 애플리케이션은 주소록, 다양한 기능의 캘린더, 미팅 알람, 여러 종류의 편지함 등 수많은 기능을 탑재했다. 미니멀리즘과는 거리가 멀다. 강력한 도구이지만 배우기 힘들다.

반면 스패로우^{Sparrow} 같은 이메일 애플리케이션은 보내고 받고 전달하고 삭제하고 저장하는 기능만 있다. 이게 전부다. 사람들에게 인기가 많고 배우기 쉽지만 강력하지는 않다.

미니멀리즘의 단점은 처음부터 다시 만들어야 할 수도 있고, 제품의 핵심 역량을 더 강화해도 그것만으로는 파워 유저에게 부족할 수도 있다는 점이다.

여러 가지가 혼합된 전략이 최고의 방법이다

최상의 휴리스틱을 선택하기 위해서는 인터뷰를 통해 사용자의 심리를 확인하고, 회사 내 이해관계자에게 필요 사항을 묻고, 보다 나은 것을 결정하기 위해 늘 A/B 테스트를 진행하는 것이 좋다.

둘러보기, 찾기, 발견하기

사람들은 저마다의 이유로 웹 사이트와 애플리케이션을 사용한다. 만약 이를
파악하지 못하고 디자인한다면 원하는 결과를 얻을 수 없다. 이 말은 세상에 다
양한 것이 존재한다는 뜻이다. 이 레슨의 목적을 위해 확인해보자.

둘러보기

사용자는 무언가에 관심이 생겨 온라인 스토어에 방문하면 곳곳을
둘러본다. 그럴 때 왼쪽 상단부터 전체 이미지를 하나씩 재빠르게
훑어본다. 몇 개는 건너뛸 수도 있지만 괜찮다. 사용자의 흥미를 끄
는 사진은 다시 시선을 집중시킬 것이다(클릭을 할지도 모른다!).

둘러보기를 위해 디자인하는 법

스캐닝을 하기 쉽게 구성하고 콘텐츠를 시각적으로 만들어라. 한
페이지에 너무 많은 콘텐츠를 담지 마라. 제품이 감정을 호소하는
부분을 강조하라. 만약 그것이 스타일에 관한 것이라면 사진에 집
중하고, 힘(예를 들어 선박 엔진이나 총)에 관한 것이라면 간단하고 분명

한 라벨을 붙여 정보를 제공하라. 브랜드 이름이라면 로고를 선명하게 보여주고, 공예품이라면 세부 이미지를 확대해 보여줘라.

찾기

마음속에 정해둔 것을 찾는 행동은 훑어보기와 비슷해 보이지만, 시선 추적eye tracking에 관한 연구는 그 둘이 매우 다른 행동이라는 사실을 밝혀냈다. 찾기는 사냥과 같다. 무언가를 찾는 사용자는 관심 밖의 수많은 제품과 사진을 무시한다. 레이아웃 구조는 사용자가 여러 옵션 사이에서 체계적으로 찾아다닐 수 있게 도울 것이다. 사용자는 단 하나도 놓치고 싶지 않을 것이다! 핀터레스트 스타일의 레이아웃은 아무렇게나 무작위로 정렬되어 있어 효과적이지 않다. 그러나 '필터'를 적용하면 때로는 유용하게 쓰일 수 있다.

찾기를 위해 디자인하는 법

특징에 집중하라. 만약 사용자가 마음속에 가격대와 스타일을 정해두고 레스토랑을 찾는다면 그것과 비슷한 옵션을 들여다볼 것이다. 대부분의 사용자가 중요하게 여기는 특징을 강조하고 그 이상은 하지 마라. 어수선해 보이는 아이디어는 그냥 쓰지 않는 편이 좋다. 정보가 유용하다면 그건 어수선한 것이 아니다. 이건 예술 갤러리가 아니다.

사용자가 원하는 것을 찾았다면 정보를 좀 더 얻기 위해 클릭을 할 것이다(아니면 구매할 것이다). 레스토랑의 메뉴나 사진, 가격이 주요 관심사일 것이며, 좌석 수나 부주방장 이름 따위는 중요하지 않다.

발견하기

사용자가 당신의 멋진 앤티크 카추^{kazoo}(피리처럼 생긴 악기) 셀렉션에 대해 모르지만 만약 보게 된다면 살지도 모른다고 가정해보자. 어떻게 발견하게 할 것인가? 당신이 생각하는 사람들이 새로운 것을 발견하는 방식은 아마도 실제로 사람들이 새로운 것을 발견하는 방식과 정반대일 것이다. 이 별난 UX 세계에 온 것을 환영한다. 디자이너가 쉽게 할 수 있는 2가지 실수는 다음과 같다.

- 홍보하기 위해 메인 메뉴에 집어넣거나 배너를 만든다.
- 충실한 고객층이 웹 사이트나 애플리케이션에서 긴 시간을 보내므로 그들이 먼저 발견할 것이라 기대한다.

둘 다 틀렸다!

오류 1: 사용자는 자기가 찾는 것이 있을 때만 메뉴를 클릭한다. 간단하다. 메뉴를 통해 '발견'이라는 걸 하는 사람은 거의 없다. 또 배너는 한 번도 효과를 낸 적이 없으므로 이번에도 효과가 없을 것이다. 갑자기 사람들이 배너에 관심을 보일 리 없다.

오류 2: 경험이 많은 사용자일수록 새로운 것을 덜 탐험한다. 호기심 때문에 웹 사이트나 애플리케이션을 탐험하는 사람은 대부분 초보자다. 경험이 많은 사용자는 자기가 원하는 것을 얻을 수 있는 방법을 이미 알고 있기에 굳이 탐험에 나서지 않는다.

발견하기를 위해 디자인하는 법

사용자가 새로운 것을 찾기를 바라지 말고 그들이 찾고 있던 것을 찾게 해주어야 한다. 사용자가 찾는 제품 옆에 새로운 제품(관련 있는 것들)을 배치해 그들이 스스로 '발견'할 수 있게 하라. 마치 무언가를 숨기는 것처럼 느껴질 수도 있지만 사실은 사람들에게 필요한 물건을 잘 보이게 한 것뿐이다.

사람들은 레딧 같은 웹 사이트에 새로운 내용이 아닌 최고의 콘텐츠로 뽑힌 것들을 보러 간다. 그러나 아무도 새로운 것에 투표하지 않는다면 최고의 콘텐츠도 없을 것이다! 그래서 레딧은 몇 개의 새로운 콘텐츠(당신이 좋아하는 카테고리에 속하는)를 상위 콘텐츠에 밀어 넣어 잘 보이게 만들고, 투표를 진행하고, 생명의 순환Circle of Life을 다시 한 번 시작한다.

사용자를 더 잘 이해할수록 어떻게 디자인할지 잘 알게 될 것이다. 그러니 제발 리서치 좀 하라!

일관성과 예상

어떤 것이 일관성 있을 때 사람들은 좀 더 빨리 배우고 다음에 나올 것을 타당하게 예상할 수 있다. 그러나 일관성이 있다고 해서 저절로 좋은 디자인이 되는 것은 아니다.

일관성이란 페이지나 디바이스, 사용자가 바뀌어도 디자인을 똑같이 인식할 수 있게 하는 개념이다. 그리고 일반적으로는 좋은 것이다. 사람들은 웹 사이트나 애플리케이션에 로그인할 때 지난번과 같은 상태를 기대한다. 이는 사람들이 메뉴를 찾고, 원하는 것을 찾아 들어가고, 처음에 나오는 광고를 재빨리 넘길 수 있도록 해준다. 브랜딩 측면에서는 사용자가 회사를 인식하고 콘텐츠를 신뢰할 수 있게 해주며 올바른 곳에 왔다는 느낌을 받게 해준다.

패턴은 일관되어야 한다

두뇌는 패턴을 인식하는 데 최적화되어 있다. 우리의 두뇌는 일단 어떤 것을 경험하고 나면 같은 일을 다시 할 때 더 잘할 수 있게 만들어져 있다. 이러한 이유로 메뉴는 모든 페이지와 화면에서 같은 위치에 있어야 하고, 색상은 모든 곳에서 같은 방식으로 경고와 강조의 의미를 전달해야 하며, 부모님 방의 손잡이에 양말이 걸려 있다면 무시하지 말아야 한다. 일관성은 예상을 가능하게 한다. 사용자가 예상한 방식대로 제품이 작동했다면 그것은 사용성이 좋다고 할 수 있다.

그러나!

일관성은 수단이지 규칙이 아니다

만약 누가 당신의 뺨을 때렸다면 다음번에 그 사람이 손을 들어 올렸을 때 몸을 움찔하게 될 것이다. 다시 때릴 것이라 생각하기 때문이다. 만약 사용자에게 같은 일을 기대한다면 똑같은 방식으로 디자인하면 된다. 그러나 때로는 다른 행동을 유도해야 한다.

애플리케이션이나 웹 사이트가 정확히 똑같이 생길 필요는 없다. 한 곳에서는 클릭을 하고, 다른 곳에서는 스와이프를 할 수도 있다. 차이는 차이를 낳는다. 예를 들면, 사용자가 당신의 애플리케이션을 안드로이드폰과 아이폰에서 동시에 사용할 확률은 매우 희박하다. 그러므로 이 디바이스의 기능이 약간 달라도 괜찮다! 결국 모든 디바이스는 약간 다르다.

랜딩페이지, 홈페이지, 결제 페이지 모두 다른 목표를 갖고 있으므로 그들이 약간 다르게 보이더라도 걱정하지 않아도 된다. 다른 게 정상이다!

안티 UX

우리는 언제나 사용자에게 도움이 되려고 노력한다. 하지만 그렇다고 항상 그들의 의견에 동의하는 것은 아니다. 그리고 우리가 UX 기술을 이용해 사용자를 속일 수 있다는 사실을 아직 모른다면 그건 좀 순진하다고 할 수 있겠다.

나쁜 UX 디자인과 사용자에 반하는 UX 디자인은 다르다. 그 둘의 차이는 사용자의 심리에 있다. 안티[Anti] UX는 일반적인 UX 원칙을 반대 방향으로 이용해 사용자가 실수를 하거나 나쁜 결정을 내리는 것을 막아준다.

좋은 UX와 나쁜 UX

피에로 정비사들을 위한 회원 전용 웹 사이트를 운영한다고 가정해보자. 그 작은 웹 사이트에는 재미있는 콘텐츠가 많다. 회원은 해지하기 전까지 매달 구독료를 지불한다. 구독료가 적어 보일지 모르지만 그걸로 많은 돈을 벌고 있다! 그러므로 회원들이 해지하는 것이 싫지만 어쩔 수 없이 해지를 해줘야 한다. 그러지 않으면 피에

로들은 모두 자기 얼굴에 눈물 한 방울과 꼬리가 내려간 입을 그리고 나타날 것이다. 자, 해지 과정을 디자인해야 한다고 가정해보자.

좋은 UX

해지 양식은 쉽고 분명해야 한다. '구독 취소' 버튼은 계정 세팅에 있거나 누가 봐도 타당한 위치에 있어야 한다. 해지를 확인해주는 이메일도 보내야 한다. 모든 것은 읽기 쉬워야 하고 내용은 관련 있는 것들이어야 하며 사리에 맞아야 한다.

나쁜 UX

당신이 만약 내가 싫어하는, 비윤리적인 디자이너라면 양식을 어렵고 헷갈리게 만들 수도 있을 것이다. '해지' 버튼을 이상한 곳에 숨기거나 아주 작게 만들어 발견하기 어렵게 할 수도 있다. 또 사용자가 작은 실수만 해도 '실패'해 처음부터 다시 시작하도록 할 수도 있다.

문제

현실에서는 나쁜 UX가 좋은 UX보다 사람들이 해지를 덜 하게 하고, 이는 회사에 이익을 가져온다. 어? 나쁜 경험에 더 많은 돈을? 그건 좋지 않다.
그러나 해결책이 있다!

안티 UX

좋은 UX 방법은 그대로 사용한다. 쉽고 분명한 UX. 그러나 '문제'를 해결하기 위해 심리학을 약간 이용해보자.

한 무더기의 지루한 질문은 해지 전환율을 떨어뜨릴 수 있다. 시간이 좀 더 걸리도록 양식을 여러 페이지로 나누어라. FAQ 페이지 링크를 추가해 사용자가 해지 과정을 얼른 떠날 수 있도록 '도움'을 주어라. 그리고 디폴트 사용은 피하는 것이 좋다. 이렇게 하면 사용자가 의식 있는 선택을 할 수 있도록 도울 수 있다. 이 방법들은 실행하기는 쉽지만 사용자가 이성적으로 생각할 수 있는 기회를 주고, 거기에는 시간이 든다.

사용자가 좋아했던 기사를 보여주어라. '한 번에 최대한 많은 피에로 친구들과 셀카 찍는 10가지 방법' 같은 것들 말이다. 아니면 제일 친한 친구들의 사진을 보여주거나 특정 웹 사이트에 특별히 접근할 수 있는 권한을 주어라. 즉 사용자가 해지할 경우 무엇을 잃게 되는지를 상기시켜라.

누군가를 속여서는 안 되며, 어려운 내용은 없어야 한다. 사용자를 방해하려는 것이 아니다. 그들의 해지하고 싶은 동기를 제거하는 것이다. 사용자가 스스로 남기를 선택하도록 말이다. 그런데도 해지하고 싶은 합당한 이유가 있다면 그들은 떠날 것이다. 그건 어쩔 수 없다.

비열한 UX 속임수는 사용자에게 상처를 남긴다

유럽의 할인 항공사 라이언에어RyanAir는 매우 기만적인 웹 사이트를 운영하고 있다. 새로운 웹 사이트(지금 글을 쓰는 시점)는 조금 낮지만 필요하지도 않은 추가 보험료를 지불하는 것이 여전히 디폴트로 설정되어 있다. 선택을 해지하려면 국가 목록의 절반은 지나야 '보험에 가입하지 않는다'라는 항목을 볼 수 있다. 정말 말도 안 된다. 시스템을 잘 모르면 돈을 내야 한다.

이는 어떻게 하면 신뢰를 무너뜨릴 수 있는지 매우 잘 보여주는 사례다.

> **"그런 짓 좀 하지 마. 절대."**
>
> —로버트 맥도날드Robert McDonald, 피에로 연합 상무

접근성

프로젝트가 일반 대중을 대상으로 하거나, 연령대가 높거나 혹은 낮거나, 청각 혹은 시각이 손상되었거나, 제공하는 언어를 이해하지 못하는 등 특정 그룹 사람들을 대상으로 한다면 접근 방식을 수정해야 한다.

접근성이란 다양한 수준과 다양한 방식의 능력을 가진 사람들을 위해 디자인하는 것이다. 그것이 꼭 장애를 뜻하지는 않는다. 보통의 디자인을 사용하기 어렵게 하는 특성은 무엇이든 접근성 범주에 들어갈 수 있다. 이 주제 또한 이야기하려면 따로 책 한 권은 나올 것이다. 그러니 일반적인 주요 내용을 살펴본다고 생각하라.

초보 디자이너들은 접근성의 개념을 이해하고, 가능하면 이를 자신의 디자인에 포함하기 위해 노력해야 한다.

정부나 대학 같은 일반 공공 웹 사이트뿐 아니라 페이스북, 텀블러, 뉴스 사이트 등 수백만 명이 이용하는 웹 사이트 또한 접근성을 주요 고려 사항으로 다룬다.

접근성은 시각적 요소다

접근성을 높이는 가장 간단하고 확실한 방법은 눈에 보기 쉽게 만
드는 것이다. 이 방법은 사실 서로 다른 디바이스들을 위해 디자인
하는 아이디어와 매우 비슷하다. 디바이스 자리에 사용자를 대입해
생각하면 된다. 큰 글자는 읽기 쉽다. 고객이 연령대가 높거나 시각
이 손상되었다면 가독성을 높이는 데 더 많은 시간을 할애하라. 한
예로, 고객군에 따라 그들 중 10%는 빨간색과 초록색을 구별하지
못할 수도 있다. 그러므로 '예'와 '아니요'에 빨간색과 초록색을 사
용하는 것은 좋은 생각이 아니다.

접근성은 기술이다

시력이 약한 사람들은 스크린리더Screen Reader라 불리는 소프트웨어를 사용해 인터넷 글을 읽는다는 사실을 알고 있는가? 그 소프트웨어는 코드에 배열된 순서대로 모든 것을 읽기 때문에 자신이 작업을 제대로 수행했는지 확인할 필요가 있다. 스크린리더는 '탭 오더(탭 키를 반복해서 누르면서 콘텐츠를 선택할 수 있다)'를 통해 콘텐츠를 읽을 수도 있으므로 시각이 손상된 사용자들이 좋은 내용을 빨리 찾을 수 있도록 하려면 이런 세부 사항을 고려해야 한다.

접근성은 콘텐츠다

단순한 단어와 문법을 사용함으로써 다른 언어를 사용하는 사람들도 큰 어려움 없이 읽을 수 있게 해야 한다. 언어 변경을 쉽게 할 수 있도록 만들어라. 많은 사용자에게 언어 선택은 사소한 요소가 아닌, 성패를 가르는 기능이다.

콘텐츠를 짧게 만들어 듣는 사람도 금방 들을 수 있게 하라. 긴 페이지 안에서는 건너뛰기를 쉽게 할 수 있게 만들어라. 스캔하기 쉽게 만들어라.

접근성은 배려다

UX의 다른 기능들을 테스트하듯, 고객 입장에서 애플리케이션과 인터넷을 사용해봐야 한다. 내가 장담하는데 얼마 지나지 않아 자신뿐 아니라 이러한 것들을 고려하지 않은 다른 모든 디자이너에게 화가 날 것이다.

거기서 멈춰서는 안 된다! 그 문제를 그냥 지나치지 말고 열심히 고민해보라. 당신이 80세 노인이라면, 기술에 밝지 않다면, 이제 5분 이상 무언가를 기억하기가 어려워 그저 온라인에서 레시피를 찾고 싶은 거라면 어떤 것을 원하겠는가?

제11장

콘텐츠

UX 라이팅 VS 브랜드 카피라이팅

UX를 하는 사람과 진짜 카피라이터는 글쓰기에서 중요하게 여기는 부분이 다르다. 우리는 제품 사용 경험을 향상하기 위한 글쓰기에 관심이 있는 것이지 시인이 되려는 게 아니다.

사용성이 중요한 UX 라이팅

앞서 UX의 목적은 사용자가 효과를 느끼게 하는 것이지 행복을 주는 게 아니라고 말했던 것을 기억하는가? 카피라이팅은 이를 가장 단적으로 보여주는 예시이다. 완벽한 UX 카피는 보는 즉시 이해되고, 목적을 이룬 뒤에는 잊힌다.

UX 디자이너는 카피라이터나 마케터, 영업사원, 크리에이티브 디렉터가 아니다. 그러니 카피를 쓸 때는 사용자가 이해하기 쉽고 관심을 가질 수 있게 하는 데 집중해야 한다.

- 헤드라인은 스토리텔링이 아니라 실행을 불러와야 한다.

- 설명은 영감을 주는 것이 아니라 교육을 제공해야 한다.
- 양식 라벨은 기발한 것이 아니라 단순한 것이어야 한다.
- 버튼 라벨은 여백을 최대화하는 것이 아니라 뜻을 명확히 전해야 한다.

연상을 창조해야 하는 브랜드 카피라이팅

기억에 대해 배운 것을 기억하는가? 인간은 특정한 것들을 특정한 감정과 연관시킨다. 브랜드 카피라이팅의 목적은 그러한 연상을 창조하는 데 있다.

사용자가 당신의 기업이 경쟁사보다 좀 더 인간적이고, 좀 더 과학적이고, 좀 더 정확하다고 믿기를 원하는가? 그렇게 생각하게 만드는 방법은 그런 분위기로 쓰는 것이다.

브랜드 카피라이터는 나이키의 '저스트 두 잇Just Do It'과 같은 기발한 구절이나 캠페인 슬로건을 쓸 수 있다. 메일침프MailChimp의 참신한 카피처럼 재미있는 헤드라인을 쓸 수도 있다. 또 제품과 기능의 이름을 붙일 때 좀 더 기억하기 쉽거나, 애플의 아이에브리싱iEverything, 맥도날드의 맥에브리싱McEverything, 벤앤제리Ben & Jerry의 메뉴 이름처럼 '브랜드'에 잘 들어맞는 것으로 만들 수도 있다.

함께 사용하라

UX와 카피라이팅은 절대 어울리지 않는 극과 극처럼 보이지만 결코 그렇지 않다. 이 둘은 궁극적으로 '설득'이라는 동일한 목표를 가지고 있다.

UX는 서비스를 간단하고 명확하게 만들어 더 많은 사람이 일을 끝낼 수 있게 한다. 브랜드 카피라이터는 동기를 부여해 더 많은 사람이 일을 끝내고 싶은 마음이 들게 한다. UX 전략은 가격을 좀 더 매력적으로 보이게 할 수 있다. 브랜드 카피라이팅은 사람들의 참여를 높일 수 있다. 브랜드 카피는 사용자에게 동기를 부여해 참여를 끌어낸다. 그리고 UX는 제품의 사용성을 강화해 사용자가 브랜드에 대한 사용자의 인상을 긍정적으로 만든다.

이상적으로는 UX와 카피라이팅 모두 좋은 게 좋다.

당신의 전투를 선택하라

어떤 사람이 잡지에 실을 용도로 단어 몇 개가 적힌 아름다운 광고를 디자인하고 있다면 UX가 필요한 때가 아니다. 텍스트가 보이지 않는 문제가 있는 게 아니라면 당신이 해야 할 일은 없다. 아! 시선 추적 테스트를 할 수는 있겠다. 남은 일은 카피라이터가 할 것이다.

(추신: UX 책에서 오프라인의 예시를 들었다. 설마 UX가 온라인에서만 사용된다고 생각

한 건 아니겠지? UX는 화면이 아니라 사람들의 정신 안에서 일어나는 일이다.)

반면 당신이 복잡한 양식을 디자인하는데 그것이 비즈니스 성공에 매우 중요하다면, 그런데 카피라이터가 라벨을 시적으로 쓰고 싶어 한다면 레몬이나 먹으라고 말하라. 그것도 아주 큰 레몬으로! UX 일을 하려면 때로는 마피아처럼 굴어야 한다.

사용성이 뛰어나다면 언제나 브랜드 이미지에 잘 어울린다. 스타일을 위해 기능을 희생하지 마라, 절대로!

행동 유도 공식

카피는 매우 작은 변화도 큰 차이를 만들 수 있다. 중요한 버튼일수록 세부 사항을 더 많이 고려해야 한다.

사람들이 버튼을 클릭하게 만들고 싶다면 다음 문장 공식을 이용하라.

> 동사 + 혜택 + 한정된 시간/장소

나는 이렇게 문장만 조금 손질해 클릭 수를 400%가량 증대한 적이 있다. 상사에게 마법사처럼 보이고 싶다면 이 레슨에 집중하라.

동사

동사는 행동 단어다. 얻다, 사다, 보다, 시도하다, 업그레이드하다, 다운로드하다, 가입하다, 이기다, 지다……. 이것들은 제일 처음에 나와야 하는데, 그 이유는 보는 즉시 요점을 알게 하고 버튼을 누르게 하기 때문이다.

혜택

때로는 동사와 혜택이 같은 의미를 뜻할 때가 있다. 단어 '업그레이드하다'는 행동이자 혜택이다. 그러나 '버전 2를 다운로드하세요, 지금!'과 같은 문구에서는 새로운 버전이 혜택이다. '5킬로그램을 감량하세요, 오늘!'에서 혜택은 5킬로그램을 감량하는 것이다. 이제 이해가 됐는가? 여기에서 말하는 혜택은 웹 사이트가 아니라 사용자에게 가는 혜택임을 확실히 알려줘야 한다. '회원이 되세요'와 같은 문구에서는 사용자가 얻는 혜택을 알 수 없다. 웹 사이트 소유주라면 좋은 아이디어라고 생각하겠지만.

한정된 시간 혹은 장소

'오늘', '지금', '1분 안에!'와 같은 단어들은 시간제한이 있어 지금 당장 해야 할 것 같은 느낌이 들면서도 금방 할 수 있을 것처럼 느껴진다. '여기', '이것'과 같은 단어들은 사용자들이 찾는 것이 바로 이 버튼이라고 말하는 효과를 준다. '좋아요를 눌러주세요'와 '여기에서 시작'도 비슷한 사례다.

'여기에서 시작!'이라고 쓰인 버튼에는 행동과 혜택, 그리고 장소가 나타난다. 사용자가 웹 사이트에 들어와 "어디에서 시작할 수 있나요?"라고 물을 가능성이 큰 경우 '여기에서 시작' 버튼을 보여주면 효과가 있다. 뻔한 이야기 같지만 실제로 웹 사이트를 디자인하게 되면 그렇게 분명하게 보이지 않는다. 이 경우에 '여기'는 버튼 자체를 말한다.

와일드 카드

'무료'라는 단어는 종종 한정된 기한이나 장소를 대신해서 사용된다. 만약 사용자에게 소프트웨어처럼 큰 보상을 제공한다면 사용자는 비용이 들 것이라 생각할 수 있다. 이 경우, '무료'라는 단어를 사용하면 그런 불안감을 해소하고 클릭률도 높일 수 있다. 이때 프리미엄 브랜드가 프리미엄이 아닌 것처럼 느껴지게 할 수도 있고, 혜택이 별것 아닌 것처럼 보이게 할 수도 있으니 주의해야 한다.

피해야 할 것

구매나 가입처럼 행동 유도^{Call-To-Action} 버튼 위에 쓰이는 문장은 절대로 이렇게 시작하면 안 된다.
'○○을 하기 위해서는 이곳을 클릭하세요.'
디자인을 제대로 했다면 버튼이나 링크를 본 사용자는 그것이 클릭할 수 있는 것이라는 사실을 이미 알고 있다. 그러니 다시 말할 필요는 없다. 그런 종류의 카피는 클릭 수를 줄어들게 하는데, 그 이유는 사용자가 버튼을 클릭함으로써 얻을 수 있는 행동이나 혜택을 발견하지 못하기 때문이다. '오늘 당첨되세요'가 '당첨을 노린다면 여기를 클릭하세요'보다 낫다.

또한 버튼에 너무 길고 어려운 단어를 사용하면 클릭 수가 감소할 수 있다. '여기에서 시작하세요'가 '즉각 개시하세요', 또는 '웹 사이트로 이동하기를 원한다면 이 버튼을 눌러 시작하세요'보다 훨씬 효과적이다. 우스꽝스러운 예처럼 보이겠지만 중요한 내용이니 잘 알아두기 바란다.

설명, 라벨, 버튼

당신은 사용자가 태스크를 잘 끝낼 수 있도록 도와야 한다. 그러기 위해서는 뭐가 뭔지, 그것으로 뭘 해야 하는지를 잘 설명할 수 있어야 한다.

사용자가 어떻게 해야 할지 잘 모르는 것 같다면, 그리고 잘 아는 것 같더라도 도움을 줄 수 있다. 이때 설명은 짧고 분명하며 직접적이어야 한다. 특정 집단이 쓰는 용어는 안 된다. 업계 용어도 안 된다. 재치 섞인 농담이나 풍자, 허튼소리도 안 된다. 너무 장황하거나 완곡한 표현도 안 된다.

사용자가 무엇을 해야 하는지 분명히 말하라. 자신이 아는 가장 단순한 단어와 문장을 사용하라. 청중을 총명한 어린이 혹은 모국어가 다른 사람이라고 생각하고 글을 써라. 바보처럼 쓰라는 게 아니다. 그저 간결하게 쓰라는 말이다. 몇 가지 예를 들어보겠다.

- 잘못된 예: '당신, 준비가 다 되면 클릭하는 곳으로 천천히 오라고!'
- 또 잘못된 예: '이 영역의 모든 입력은 필수로 요구되는 정보

이며 계정을 만드는 과정을 시작하기 위해서는 성공적으로 제
출되어야 합니다.'

- 어리석은 예: '양식을 정말 잘 채우는군요! 모든 내용을 잘 채
워 넣었다면 곧장 아래에 있는 멋진 노란색 버튼을 클릭하세
요! 거의 다 왔다고요, 챔피언!'
- 좋은 예: '모든 질문에 답하세요. 작성이 완료되면 페이지 하
단에 있는 노란색 완료 버튼을 클릭하세요.'

라벨

라벨을 특별하고 기발하게 만들고 싶은 마음은 알겠지만 그 유혹
을 이겨내야 한다. 자신이 생각하는 가장 일반적이고 기본적인 버
전을 사용하라. 만약 라벨을 읽고 답변을 2가지로 할 수 있다면 그
것은 아직 충분히 명확하지 않은 것이다. 다음을 살펴보자.

- 잘못된 예: '당신의 마음이 있는 곳은……'
- 좋지 않은 예: '당신이 사는 장소'
- 괜찮은 예: '주소'
- 최고의 예: '집 주소'

라벨은 버튼에도 사용되는데, 많은 디자이너가 이것의 중요성을 간
과한다. 사용자가 헤드라인과 설명을 읽지 않더라도 버튼의 기능을
이해할 수 있는가? 그렇지 않다면 더 잘 만들어야 한다.

- 잘못된 버튼 라벨: '예.', '아니요.'
- 좋은 라벨: '변경 사항을 무시합니다.', '변경 사항을 저장합니다.'

그러나 이 문제는 해결 방법 자체는 꽤 쉽지만 정치적인 문제가 끼어들 수도 있다. 만약 크리에이티브 디렉터나 카피라이터, 고객이 당신이 쓴 문구를 보고 "좀 더 멋진 게 필요해요"라고 말한다면 거절할 수 있어야 한다.

문구가 효용과 기능 측면에서 꼭 필요하다면 A/B 테스트를 통해서라도 아이디어를 증명하되 절대 물러서지 마라. 사용자가 필요한 '경험'은 멋지고 두루뭉술한 것이 아닌, 단순하고 분명한 것이다.

랜딩페이지

사용자가 당신의 웹 사이트에 처음 방문했을 때 보는 그 페이지는 딱 하나의 임무만 수행하면 된다. 그것은 바로 사용자를 문 앞에 데려다놓는 것!

자, 당신은 이 도시에 처음 왔으며, 이제 막 도착했다고 가정해보자. (감정적인) 가방을 들고 비행기에서 내릴 때 머릿속에 처음으로 떠오르는 질문은 언제나 같을 것이다.

'어디로 가야 하지?'

택시를 잡고 싶을 수도 있고, 화장실에 가고 싶을 수도 있고, 음식을 먹고 싶을 수도 있지만 보통은 이 질문이 가장 먼저 떠오를 것이고, 필요한 것이 보이면 곧장 그곳으로 갈 것이다.

이 방문과 당신의 웹 사이트 랜딩페이지가 다른 점은 사용자들은 언제나 비행기로 다시 돌아갈 수 있다는 점이다. 당신이 할 일은 사람들이 비행기에 다시 올라타지 않고 어디론가 가게 하는 것이다.

좋은 랜딩페이지는 다음 UX의 3가지 'What'에 대답할 수 있어야 한다.

1. 이것은 무엇^{what}인가?
2. 나에게 어떤^{what} 이익이 되는가?
3. 이제 무엇^{what}을 해야 할까?

3가지 What = 하나의 일

랜딩페이지는 집중이 필요한 곳이므로 메인 메뉴조차 필요하지 않다. 사실 메뉴는 사용자의 주의를 분산시켜 랜딩페이지의 효과를 떨어뜨리기도 한다.

사용자는 웹 사이트가 어떤 곳인지, 어떻게 가입하는지 알고 싶어서 왔을 수도 있고, 캠페인을 보고 궁금해서 왔을 수도 있다. 또한 웹 사이트에서 파는 제품이 자신의 예산에 맞는지, 필요한 제품은 맞는지 확인하러 왔을 수도 있다. 아니면 그저 친구가 추천해서 왔는데 그 이상 다른 정보는 전혀 모르고 있을 수도 있다!

사용자가 필요한 것이 무엇인지 알 수 있다면 그들이 원하는 것을 어떻게 해서 얻을 수 있는지 등을 알려줄 수 있다.

다양한 사람을 고려해 랜딩페이지를 만들어라

그중 하나는 아마도 '홈' 페이지겠지만 그게 전부가 아니다. 모든 사용자가 정문으로 들어올 거라고 단정해서는 안 된다. 캠페인을 통해 들어오는 사람, 구글 검색을 통해 들어오는 사람, 당신이 예상한 특정 경로를 통해 들어오는 사람 등을 모두 고려해 랜딩페이지를 만들어야 한다. 랜딩페이지의 역할은 사람들의 관심을 끄는 것이다. 사용자가 어떤 것들을 클릭하는지 혹은 클릭하지 않는지를 통해 관심도를 측정할 수 있다.

랜딩페이지를 최적화시켜라

새로운 사용자가 랜딩페이지에서 아무것도 클릭하지 않는 것을 이탈bounce이라 한다. 그러한 사용자는 곧장 웹 사이트나 애플리케이션을 이탈해버리기 때문에 가입, 구매, 공유, 콘텐츠 포스팅 등 제품과 관련한 어떤 행동도 하지 않는다. 그들을 사용자로 만드는 데 완전히 실패한 것이다. 그러므로 랜딩페이지를 최적화시키는 일은 대단히 중요하다. 1%만 개선하더라도 수천 혹은 수백만 달러의 판매 효과를 거둘 수 있다. 반면 방문자의 80%가 '랜딩'하는 데 실패한다면 당신의 공항은 위급 상황을 맞을 것이다.

가독성

당신이 다른 분야 디자이너였다면 이 레슨은 타이포그래피라고 불렸을 것이다. 하지만 당신은 UX 디자이너이니 효율성을 극대화하려면 활자를 어떻게 다루어야 하는지 알아보자.

세리프체냐 산세리프체냐의 문제는 잊어라

UX에서 그런 건 중요하지 않다. 엄밀히 따지면 코믹 산스체도 괜찮지만 내가 당신이라면 그 문제로 싸우지는 않을 것이다.

가독성이란 큰 덩어리 단위 텍스트의 사용성을 뜻한다. 위키피디아의 긴 기사, 구글 검색 결과 목록, 미니어처 당나귀에 관한 설명서 같은 글들 말이다. 다른 분야의 디자이너들은 폰트와 타이포그래피를 노려보면서 그 글씨체가 디자인 안에서 어떤 분위기와 스타일을 창조해낼 것인지를 고민하고 선택한다. 그들도 분명 사람들이 글을 읽기를 바라겠지만 제일 큰 관심사는 아닐 수도 있다.

예를 들어 앱솔루트 보드카 병에 적힌 화려한 글씨는 읽기 어렵지만 디자이너가 의도한 것일 테다. UX 디자이너라면 글의 전체 문단을 한 문구 안에 넣자는 아이디어에 발작을 일으켰을 수도 있다. 하지만 어쨌든 그렇게 했다. 앱솔루트 보드카의 관심사는 가독성이 아니기 때문이다.

반면 뉴스 사이트에 넣을 기사를 그런 휘황찬란한 글씨로 디자인한다면 살해 협박을 받거나 파산을 할 수도 있을 것이다.

그럴 때 바로 UX가 필요하다.

가독성은 여러 가지를 조합한 결과물이다

어떤 디자인이냐에 따라 다양한 것들이 도움이 된다. 타이포그래피 전문가들에게서도 좋은 영감을 얻을 수 있는데, 그들은 글자를 가지고 노는 데 매우 많은 시간을 할애하기 때문이다. 시도해볼 만한 몇 가지를 소개하도록 하겠다.

글씨 크기를 조금 키워라

작은 글씨는 보기에는 좋지만 읽기는 어렵다. 특히 모바일 디바이스에서는 더더욱. 모든 글자의 크기를 조금 키워라. 단순한 느낌을 줄 수 있다.

글자 사이 간격을 늘려라

이를 커닝kerning 혹은 트래킹tracking이라 한다. 글자 사이가 너무 가까우면 읽기 어렵다. 한 문단 내에서는 더더욱. 글자 사이에 약간의 '공기'를 넣어 읽기 쉽게 만들어라.

행 사이 간격을 늘려라

이를 리딩^{leading}이라 한다. 일반적으로 행 사이 간격은 한 행 높이의 1.5배 정도 되는 것이 좋다. 간격이 클수록 읽기 쉽다. 그래도 너무 넓어지지는 않는 것이 좋은데, 줄이 바뀔 때마다 집중이 흐트러질 수 있기 때문이다.

여백을 마련하라

디자인 안에 있는 모든 내용은 사람들이 읽는 것을 방해할 수 있다. 일부 브라우저와 애플리케이션에서 '리더 모드$^{reader\ mode}$'를 따로 만들어 글을 제외한 모든 콘텐츠를 제거하는 이유다. 집중할 수 있는 조건을 만들어라.

열의 너비를 조정하라

최적의 열 너비는 글자 수 45~75자 사이이며, 약간 빼거나 더할 수도 있다. 50자 정도의 좁은 폭은 읽기 좋게 느껴지고 70자 정도의 넓은 폭은 빠르게 읽힌다. 디바이스와 콘텐츠 성격에 맞게 디자인을 조정하라.

직접 테스트하라

이 내용을 로렘 입숨^{lorem ipsum}(그래픽 디자인 분야에서 시각적 연출을 보여줄 때 사용하는 표준 채우기 텍스트—옮긴이)으로 모의 테스트를 하고 있다면 UX 를 하고 있는 것이 아니다. 내용은 없고 그저 읽기만 할 수 있는 글자를 이용해 눈에 보이는지를 테스트하는 것과 다름없다. 더 좋은 방법은 실제 읽고 싶은 기사를 가져와 테스트하는 것이다!

설득 공식

사용자에게 무언가를 강요하는 것은 좋은 생각이 아니다. 강요받는 걸 좋아하는 사람은 없다. 대신 사용자가 스스로 실행에 옮길 수 있도록 설득해야 하며, 그러한 설득 과정은 대부분의 경우 8단계 공식을 따른다.

40명의 사람을 관찰해 여러 설득 유형을 면밀히 비교해본 결과, 그들이은 대개 8단계 공식을 따랐다.

상호작용을 시작하기 전

1단계: 신뢰 형성하기

신뢰가 없다면 모든 것은 의미를 잃는다. 실제로 신뢰를 쌓는 것이 가장 이상적인 방법이다. 핵심은 사용자에게 가치 있는 의사소통을 해야 한다는 것이다. UX에서는 신뢰감을 주는 브랜드 만들기, 가격 투명하게 운영하기, 고객 평가 보여주기 등을 통해 신뢰를 형성할 수 있다. 믿을 만한 가치가 있다고 말하지 말고 사용자에게 직접 보여주어라.

2단계: 청중 확인하기

UX에서 이 말의 의미는 설득하려는 대상이 누구인지 파악하고, 그들이 무엇에 관심을 보이는지 조사해야 한다는 뜻이다.

상호작용을 하는 동안

3단계: 걱정 누그러뜨리기

사용자가 관심을 보이면 그들이 마음에 품고 있을지 모르는 부정적인 의견을 제거하는 과정에 착수해야 한다. 좋은 헤드라인을 만들거나 폴드 위에 시선을 사로잡는 이미지를 배치하라. 예를 들어 사용자가 가격을 염려한다면 사용자가 처음 보는 이미지나 헤드라인에 가격을 포함시켜야 한다. 사용자가 나중에 가격 정보를 보게 될 때까지 남아 있을 것이라고 생각하면 안 된다. 걱정되는 부분을 바로 해결해주지 않으면 사용자는 떠날 것이다.

4단계: 라포^{rapport} 형성하기

'라뽀'라고도 불리는 이것은 누군가에게 느끼는 친근한 감정이며, 이는 비슷한 점을 가진 사람들 사이에서 쉽게 형성된다. UX에서는 친숙한 언어를 사용하거나, 사용자가 다른 고객들과 공통점이 있다고 느끼게 하거나, 기사 속 주요 인물이 독자들과 관련 있는 것처럼 묘사되면 라포가 형성된다.

5단계: 분리하기

사용자가 충분히 관심을 보였다고 판단되면 방해가 되는 다른 정보들을 제거하는 것이 좋다. 예를 들면 사용자가 구매하는 과정에서 방해받지 않도록 결제 단계에서 메뉴나 배너가 보이지 않아야 한다.

6단계: 설득하기

설득 과정이 좀 더 복잡할 때는 사용자가 기초부터 세부 사항까지 단계별로 이해할 수 있도록 정보를 '물결식'으로 제공해야 한다. 여기에는 여러 가지 방법이 있다. 인지 편향은 사용자가 정보를 받아들이고 소비하기 쉬운 방식으로 정보를 구성하는 데 유용하다.

7단계: 매듭짓기

이제 실행을 요청하라. 그러면 된다. 일을 복잡하게 만들지 마라. '구독' 버튼이나 '구매 확정' 버튼, '공유' 버튼을 눌러달라고 말하면 된다.

상호작용 후

8단계: 좋은 인상으로 마무리하기

구독이나 결제가 끝났다고 설득 과정을 끝내버려서는 안 된다! 이는 사용자에게 회사가 원하는 것이 있을 때만 고객을 소중히 여긴다고 느끼게 할 수도 있다. 후속 이메일을 보내 그들이 구매한 것으로 얼마나 다양한 일을 할 수 있는지 알려주고, 관심 있어 할 만한 기사를 몇 개 더 제안하고, 얼마나 많은 사람이 그들의 게시물을 좋아했는지 혹은 동의했는지 피드백을 해주는 것이 좋다.

주의 설득은 복잡한 문제다. 나는 전작 《종합적 설득》을 통해 사람들을 설득하는 방법을 270페이지에 걸쳐 집중적으로 다루었는데, 이 레슨은 '속성 강좌'가 될 것이다.

참여를 유도하는 방법

완전히 같은 아이디어도 어떻게 나타내느냐에 따라 매력적으로 보일 수도 있고 지루하게 보일 수도 있다. 사용자에게 자부심을 느끼게 하면 그들이 좀 더 참여하고 댓글을 달고 공유하게 할 수 있다.

어떤 사람이 SNS에 이런 질문을 게시했다고 가정해보자.

'어떻게 하면 잘 수 있나요?'

같은 심정이 아닌 이상 딱히 댓글을 달 마음이 들지 않을 것이다. 그러나 상당수의 기업이 소셜미디어 활동을 이런 식으로 접근한다. 단도직입적으로 질문하고 정보를 게시하고 자기 회사에만 집중된 콘텐츠를 선보인다. 이런 방법으로는 사람들의 관심을 끌어당길 수 없다.

이제 문장을 약간 바꿔 생각해보자.

'처음 만나 섹스하기까지 걸린 최단 시간을 얼마인가요? 어떻게 가능했죠?'

독자들은 순식간에 자랑할 만한 이야기를 하고 싶어질 것이다. 그렇지 않더라도 최소한 흥미를 불러일으킬 수 있다. 여기서 질문을 한 사람은 딱히 이득을 볼 게 없겠지만, 독자들에게는 이득이 생길 수도 있다.

아무 답변을 받지 못하는 것보다는 멍청하거나 웃긴 답변을 받는 게 더 재미있다. 그것이 이 레슨의 목적이기도 하다. 바보 같은 질문은 참여도를 높인다! 현실에서는 이런 질문이 700개 이상의 댓글을 받으며 레딧의 첫 페이지를 장식한다. (어떤 사람은 '17년'이라고 대답했다. 예술가가 분명하다.)

비슷한 예시는 무언가 창피한 일로 다른 사람들에게 웃음을 사는 경우다. 모순적이게도 사람들은 더 많은 관심을 받고 남들을 웃기고 싶은 마음에 그 일을 반복해서 한다(조건 형성). 사람들에게 '엄청나게 지독하게 차였던 경험이 있나요?'라고 물어본다면 동일한 효과를 얻을 수 있을 것이다. 레딧에 올라오는 이런 질문에는 최초로 글을 올린 사람의 경험담이 하나의 예시처럼 들어 있기도 하다.

이제 최악의 경험을 한 사람이 상을 받게 설계되었다. 가장 부끄러운 경험을 한 사람이 이기는 게임이며, 모두가 최악이 되고 싶어 한다! '이렇게 차이는 게 일반적인가요?' 같은 질문보다 훨씬 더 효과적이다.

도움을 구하거나 사례를 들어달라고 직접적으로 요청하는 대신 좋은 사례를 알려달라고 하라. 아니면 최악의 실패담을 들려주려고 안달이 나게끔 분위기를 조성하라. 사람들에게 공유하거나 클릭하라고 말하는 대신 티저용 헤드라인을 보여주고, 서스펜스 식으로 연재를 하고, 보상이나 기회를 제공해 동기를 부여하라.

소셜미디어 브랜드를 작업 중이라면 사용자가 브랜드에 대해 좋은 이미지를 가질 수 있도록 해야 한다. 그래야 더 많은 사람이 당신의 브랜드에 시간을 할애할 것이다. 낚시성 링크만은 쓰지 마라. 사용자가 방문했는데 형편없는 콘텐츠밖에 없다면 실망할 것이다. 그리고 당신의 웹 사이트나 회사에 실망을 연상시키는 기억만 갖게 될 것이다. 좋지 않다.

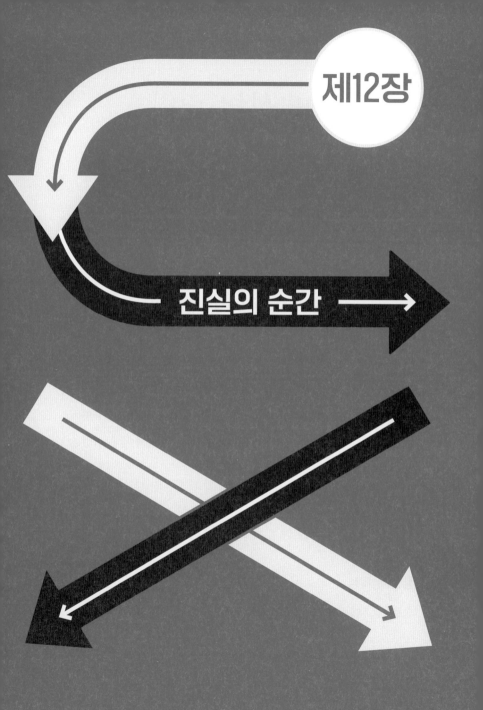

제12장

진실의 순간

제품 출시는 실험이다

UX 디자인과 다른 디자인의 가장 중요한 차이는 UX 디자인의 경우 실제 잘 작동하는지 측정할 수 있다는 점이다. 그리고 과학적인 방법을 이용해 실험을 할 수 있다.

사람들은 보통 제품이 출시되면 디자인이 끝난 것으로 생각한다. 그러나 그렇지 않다. 과정은 불확실하다. 전략적으로 내린 결정들은 우리의 예상에 불과하다. 디자인은 사용자에게 취향의 문제일 수 있으며 사람들이 언제나 합리적인 결정을 하는 것은 아니다. 우리가 좋은 디자인을 판별할 수 있는 유일한 방법은 과학적 검증이며, 좋은 과학은 언제나 질문과 가설, 실험, 결과, 이해와 같은 일련의 과정이 필요하다.

디자인을 과학적인 방법으로 검증하라

질문/문제점

첫째로, 그리고 언제나 질문에서 시작해야 한다. 그래야 문제를 상세하게 설명하고 이를 해결하는 방식을 디자인할 수 있다. 많은 사람이 몇 가지 질문을 떠올리고는 UX 리서치를 통해 답을 찾으려고 하는데, 잘못된 방법이다. 그런 것을 '추측'이라 부른다. UX 리서치는 질문과 문제점을 발견하는 것이다. 사용자와 데이터를 조사하면 수정해야 하거나 이해되지 않는 사용자 행동을 발견하게 될 것이다.

'사용자들은 왜 이런 이상한 행동을 할까?', '사용자가 가장 많이 겪는 어려움은 무엇일까?', '사용자는 이 기능에 대해 어떻게 생각할까?', '왜 결제 두 번째 단계에서 떠나버릴까? 왜 그렇게 많은 사람이 랜딩페이지에서 이탈할까?'

질문은 수백만 가지도 넘는다.

근거

디자인은 본인의 가설과 리서치, 데이터에 근거를 둔다. 이것이 문제를 해결하는 전략이자 질문에 대한 답이 될 수 있다. 디자이너들은 자신의 디자인이 잘 작동할 거라고 믿는데, 많은 근거가 그렇게 말하기 때문이다.

디지털 프로젝트의 문제점은 일단 출시하고 나면 이를 즐기느라 제품이 실제 잘 작동하는지 검증해야 한다는 사실을 잊는다는 것이다. UX는 취향의 문제가 아니라 결과의 문제다. 자신의 마음에 든다고 해서 좋은 디자인인 것은 아니다.

예측

실험을 디자인하기 전에, 자신이 세운 가설이 옳을 경우 어떤 일이 일어날지 예상해두어야 한다. 이 말은 결과를 측정할 방법을 결정해야 한다는 뜻이다.

만약 색깔 때문에 사람들이 버튼을 알아차리지 못한다면, 그래서 이 문제를 해결한다면 어떤 점이 달라질까? 그 효과를 확인하기 위해 무엇을 측정해야 할까?

만약 유니콘과 무지개 그림이 충분하지 않아 관심이 떨어진다면, 그래서 이 문제를 해결한다면 어떤 점이 달라질까? 그 효과를 확인하기 위해 무엇을 측정해야 할까?

실험

마음가짐을 바꿔라. 제품 출시는 실험이다. 결론이 아니다. 실제 사용자들이 이를 증명해주기 전까지는 아무것도 모른다. 리서치를 잘 해두었고 디자인이 그 리서치에 기반하고 있다면 추측이 아닌 실험을 하는 것이다. 이 둘은 대단히 다르다.

결과

웹 사이트를 출시하고 나면 실제 사람들이 그곳에서 얼마만큼의 시간을 보내고 얼마나 많은 사람이 가입하고 구매하는지 알 수 있게 된다. 이건 추측이 아니라 사실이다. 작은 규모의 웹 사이트라면 한두 달을 기다려야 할 수도 있지만 데이터는 나올 것이다.

현실은 예상과 다르게 나타날 수도 있다. 사용자들은 디자인이 아름답기는 하지만 혼란스럽다고 생각할 수도 있다. 또 짜증이 날 정도로 커다란 로고가 주의를 흐트러뜨린다는 게 증명될지도 모른다. 이것은 실패나 약점을 뜻하지 않는다. 웹 사이트를 실제 출시할 때 자연스레 일어나는 일이다. 출시하기 전에는 절대 알 수 없는 것들이 있다. 그 웹 사이트가 인류 역사상 가장 뛰어난 창작물이 될 수도 있겠지만 실제 세상에 나와 테스트를 거치기 전까지는 아무것도 알 수 없다.

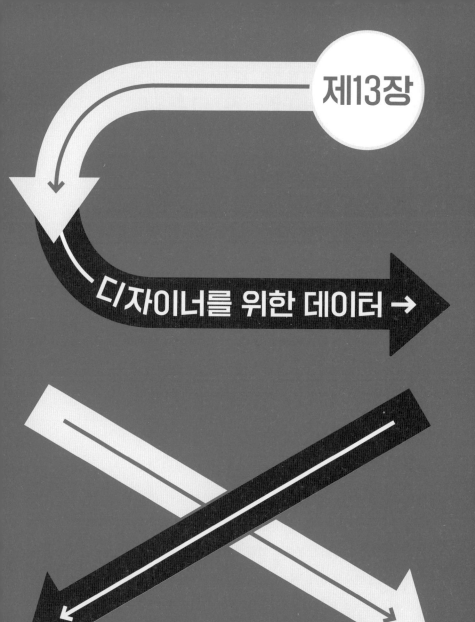

제13장

디자이너를 위한 데이터 →

영혼을 측정할 수 있을까

UX에서 일반적인 의견 중 하나는 감정은 측정할 수 없다는 것이다. 그건 사실이 아니며, 특히 그룹 단위의 감정은 더더욱 그렇다.

영혼이라니! 종교적으로 들릴 수도 있겠지만, 인간의 경험 중 감정적이고 주관적인 부분을 말하는 것이다. 치솟는 기쁨, 가슴을 에는 슬픔…… 원하는 대로 불러도 좋다. 어쨌든 우리의 일부다. 요점은 우리가 그것을 측정할 수 있냐는 것이다. 그렇다! 측정할 수 있다! 감정은 행동과 결심을 낳고, 이는 의외로 쉽게 측정할 수 있다.

뉴로 마케팅 Neuromarketing

UX에서는 사무실에 fMRI 기계를 두고 쓰는 일이 거의 없다. 하지만 두뇌를 측정해 어떤 종류의 광고나 영화가 강력한 감정을 불러일으키는지 알아내는 분야도 있다.

이건 기본적으로 A/B 테스트(A/B 테스트에 관해서는 레슨 95에서 좀 더 자세히 배울 것이다)와 비슷하지만 그보다 훨씬 멋진 데이터를 제공한다.

A/B 테스트는 증거로 초음파 대신 사용자의 행동을 측정한다.

개인과 그룹의 신뢰 차이

앞서 배웠듯 동기(감정)는 사람들을 행동하게 한다. 그 동기 때문에 사진에 '좋아요'를 누를 수도 있고, 기사를 리트윗할 수도 있다. UX에서 우리의 목표는 감정만이 아니라 행동을 유도하는 데 있다. 사람들이 모두에게 도움이 되는 방식으로 행동할 수 있게 동기를 부여해야 한다.

개개인의 감정을 측정하기 위해서는 대면 방식을 통해 질문해야 한다. 그렇지 않으면 여러 가지 요인이 지나치게 많은 영향을 미쳐 신뢰할 만한 결과를 얻기 어렵다. 그러나 수천 또는 수백만의 사람을 그룹으로 측정할 때는 그러한 개별적 차이가 중요하지 않다. 그룹을 대표하는 영혼이 데이터 안에서 분명히 드러나기 때문이다.

'평균적인 사람'을 말할 때는 특정한 개인을 꼽는 것이 아니다. 우리는 숫자를 말해야 한다. 그리고 그 숫자는 디자인을 객관적으로 평가할 수 있다.

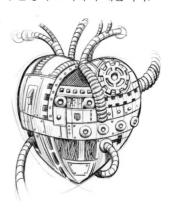

데이터 분석

사용자를 리서치하고, 목표를 세우고, 인포메이션 아키텍처를 설계하고, 사용자의 관심을 유도하고, 좋은 와이어프레임을 만들고, 사용성을 갖춘 기능을 만드는 방법을 배웠으니 이제 출시할 시간이다! 일단 출시하고 나면 측정을 해야 한다.

데이터는 거짓말을 하지 않는다

앞서 사용자 리서치에 대해 배웠지만 데이터는 조금 다르다. 데이터는 사용자 행동을 측정한다. 사용자가 무엇을 하고, 얼마나 자주 했고, 얼마나 오래 걸렸는지 등을 측정한다.

이와 관련된 정보는 컴퓨터가 수집하므로 사용자는 이 과정에서 영향을 받지 않는다. 측정은 꽤 정확하고 오차 범위가 매우 낮다. 수백만 명의 사람을 측정하는데도 아무것도 할 필요가 없다. 그리고 데이터는 사용자가 어떤 브라우저를 사용하는지, 어떤 국가에 거주하는지를 알려주기도 한다.

무엇보다 데이터는 거짓말을 하지 않는다. 그것이 과학이다!

그러나 데이터는 문맥에 관해서는 아무것도 알려주지 않으므로 조심해야 한다. 그러므로 유감스럽게도 디자이너들은 데이터를 해석해야 하는데, 이 지점에서 오류가 발생하기도 한다.

데이터는 사람들의 행동 양식이다

데이터를 자신의 의견을 뒷받침해주는 '단순한 숫자'로 치부하고 싶을 수도 있다. 그러나 그 숫자들은 실제로 복잡한 인생을 살고 있는 사람들의 행동 양식이라는 사실을 기억해야 한다.

수백만 명의 사람을 하나의 단순한 숫자로 여겨서는 안 되며, 어느 상황에서나 신뢰성을 가진 데이터로 해석할 수 있어야 한다.

자신이 옳다는 것을 '증명'해줄 숫자만 보고 싶을 수도 있지만 그래서는 안 된다. 그런 요청을 하는 사람이 있다면 분명하게 거절해야 한다.

데이터를 있는 그대로 받아들여라

5명의 클릭 수를 측정한다면 그들이 모두 취했더라도 알 길이 없다. 그러나 500만 명의 클릭 수를 측정한다면 휴가철에 칸쿤에서 테스트를 진행한 게 아닌 이상 그들이 모두 취했을 리 없다.

데이터를 기반으로 중요한 결정을 내릴 때는 최대한 많은 데이터를 수집해야 한다. 그리고 일단 데이터가 모이면, 데이터를 있는 그대로 받아들여야 한다.

객관적인 데이터 수집 방법

객관적인 데이터를 수집하는 방법은 주관적인 데이터를 수집하는 방법만큼이나 다양하다.

분석

구글을 포함한 많은 회사가 익명의 사용자 행동을 추적할 수 있는 서비스를 제공하고 있다. 비용도 낮고 무료인 것도 있다. 기본적으로는 사용자가 홈페이지에 접속하거나 무언가를 클릭할 때마다 확인할 수 있다. 아니면 스스로 사용자 맞춤 측정 서비스를 만들 수도 있다. 무엇이든 가능하다!

A/B 테스트

같은 것을 2가지 버전으로 디자인하고 동시에 출시하라! 그렇게 하면 실사용자를 대상으로 실시간 테스트를 할 수 있고, 어떤 버전이 더 나은지 확인할 수 있다. 특정 시점이 되면 더 많은 사람을 추적하는 것이 의미가 없어지므로 소프트웨어가 멈출 시점도 알려줄 것이다.

시선 추적 장치

특수한 소프트웨어와 장치를 이용해 사용자가 어디를 쳐다보는지 측정할 수 있다. 이를 통해 디자인이 사용자를 잘 유도하고 있는지 아닌지를 파악할 수 있다. 시선의 움직임은 무의식적으로 일어나는 현상이므로 객관적인 데이터를 제공한다.

스크린 캡처와 히트맵heatmap

핫자HotJar, 클릭테일ClickTale, 룩백LookBack과 같은 소프트웨어는 실제 사용자가 제품을 사용하는 동안 보는 화면을 기록한다. 익명의 사용자가 무엇을 클릭하는지, 마우스를 어디로 움직이는지, 어디까지 스크롤하는지, 어느 페이지로 이동하는지 등을 알 수 있다. 일부 툴은 '히트맵'을 만들어 사용자 그룹이 무엇을 집중적으로 클릭하는지 색깔을 통해 보여준다. 대단히 유용하다.

검색 로그

많은 사람이 자신이 검색창에 입력한 단어가 모두 저장된다는 사실을 알지 못한다. 사람들이 무언가를 검색한다는 것은 그것을 찾을 수 없다는 뜻이다. 그러므로 그런 로그 기록은 인포메이션 아키텍처와 레이아웃을 개선하는 데 매우 중요하게 사용될 수 있다.

그래프 모형

그래프를 이해하기 위해 통계학을 공부할 필요는 없다. 몇 가지 기본적인 그래프 모형을 통해 인간 행동의 의미를 이해할 수 있다.

사람의 행동은 크게 2가지 그래프 스타일로 나타난다. 트래픽 그래프와 구조화된 행동 그래프.

> **주의** 나는 이해를 돕기 위해 바 그래프를 예로 들었다. 선 그래프, 점 그래프 등 뭐든 사용할 수 있다. 당황할 필요 없다. 이들은 모두 기본적으로 같은 그래프다. 그래프 종류는 중요하지 않다.

트래픽 그래프

트래픽 그래프는 무언가를 실행하는 사람들의 수를 시간 흐름에 따라 나타낸 것이다. 하루 방문자 수 같은 것들이 그 예다. '트래픽'이라 부르기도 한다.

트래픽은 늘 약간씩 증가하기도 하고 감소하기도 한다. 그 이유는 웹 사이트에 전혀 변한 것이 없을 때조차 세상에는 많은 일이 일어나기 때문이다. 그러므로 트래픽이 변했다고 해서 새로운 기능이나 디자인 변화 때문이라고 단정 짓기는 어렵다.

자, 이제 그래프 모형으로 넘어가자!

일반적인 트렌드

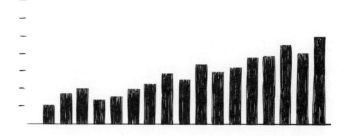

시간 흐름에 따라 느리지만 일관적인 변화가 있다면 그 변화를 관찰할 수 있다. 그래프가 완만한 형태로 '상승'이나 '하락' 추세를 보인다면 변화를 주지 않는 한 트렌드가 지속될 가능성이 크다.

임의의/예기치 못한/일회성 이벤트

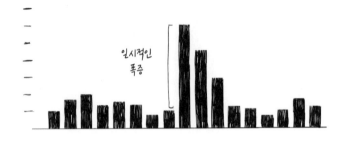

일시적인
폭증

사람들은 아무 일도 없는데 갑자기 행동을 바꾸지 않는다. 주말에 캠페인을 진행했는가? 아니면 기술적 문제가 발생했는가? 그것도 아니면 당신의 회사가 주식을 상장했는가? 그래프가 갑자기 급증 (혹은 급락)했다면 그 이유를 알아봐야 한다. 사람들이 그냥 갑자기 좋아하게 된 거라고 믿고 싶겠지만 급격한 상승에는 언제나 이유가 있다. 그것은 좋은 일일 수도 있고, 나쁜 일일 수도 있다.

예측 가능한 트래픽

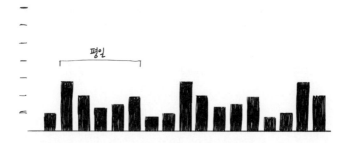

성숙기에 접어든 웹 사이트(혹은 지루한 웹 사이트)는 방문자 수가 명확한 패턴을 띠기 시작한다. 위 그래프를 보자. 패턴이 파도처럼 반복되는 것이 보이는가?

회사원들에게 인기 있는 웹 사이트는 주중에 트래픽이 많다. 사용자가 낮 동안 학교에 가는 아이들이라면 주말에 찾는 방문자 수가 훨씬 더 많다. 이러한 현상은 매우 흔하고 일반적이다.

그러나 웹 사이트가 건강하다면 일반적으로 완만한 성장세도 함께 나타나야 한다. 만약 패턴이 명확한데 숫자가 차츰 줄어든다면 사용자들은 지루해 죽어가고 있는 것이다. 대대적인 개혁이 필요하다!

구조화된 행동 그래프

구조화된 행동 그래프는 트래픽 그래프와 달리 사람들이 무엇을 하는지를 나타낸다. 사람들이 행동한 날짜나 시간은 중요하지 않다. 이 그래프에서는 당신의 인포메이션 아키텍처가 중요하다.

> **주의** '구조화된 행동'이란 내가 만든 표현이다. 일할 때 이 단어를 사용하면 똑똑해 보이기는 하겠지만 사람들이 무슨 말인지 모를 테니 자세한 설명이 필요할 것이다.

지수Exponential 곡선/롱테일Long tail

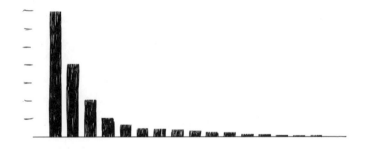

이 그래프는 특정 행동 유형이나 결정에 나타나는 편향된 특성을 보여준다. 그래프는 미끄럼틀처럼 생겼다. 사람들은 대개 첫 번째 것을 두 번째 것보다 더 많이 클릭하고, 두 번째 것을 세 번째 것보다 더 많이 클릭한다. 시각적 계층이나 자연적인 순서(사용자가 메뉴를 왼쪽에서 오른쪽으로 읽는 것처럼)가 있는 곳에서는 그래프가 언제나 이와 같이 나타날 것이다.

보통 '톱 페이지^{top page}' 목록 또한 이렇게 보일 텐데, 첫 페이지를 거치지 않고서는 둘째 페이지로 갈 수 없기 때문이다. 또 방문당 시간 혹은 방문당 페이지 수(레슨 91을 참조하라)와 관련된 그래프도 이런 형태로 나타난다. 사용자를 한 웹 사이트에 10초 이상 머무르게 하는 일이 꽤 어렵기 때문이다.

구조가 혼란스러운 지수 곡선

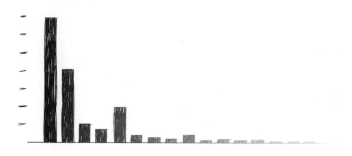

사용자가 당신이 만들어놓은 구조를 무시할 때 위 그래프와 같은 형태가 나타난다. 이 부분은 좀 더 흥미롭다. 그래프는 모두 정상인 것 같은데 몇몇 순서가 뒤바뀐 것 같다면 그건 사용자가 생각하는 우선순위가 당신이 생각하는 것과 다르다는 의미다. 그들은 종종 두 번째 것을 첫 번째 것보다 먼저 클릭한다. 이상한 사람들!

그렇다면 인포메이션 아키텍처를 바꿔 사용자의 우선순위에 맞춰야 한다. 사용자를 바꾸려고 하면 싫어할 것이다.

파워 유저가 있는 지수 곡선

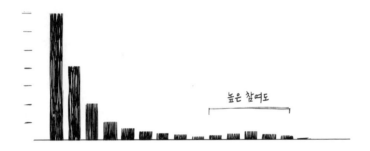

높은 참여도

이 그래프는 행동을 매우 많이 하는 사람들이 일부 존재한다는 사실을 보여준다. 앞서 언급한 '미끄럼틀 모형'과 꽤 비슷하지만 이 그래프는 턱이 존재한다. 충실한 고객이 있다거나 웹 사이트에서 오랜 시간을 보내거나 매우 활동적으로 이용하는 사람이 있을 때 이런 그래프가 나타난다. 그들은 평균적인 사용자보다 훨씬 많은 행동을 하기 때문에 이런 턱이 생기는 것이다.

그러한 사용자들의 동기가 무엇인지 확인하고 그것에 더욱 신경 써야 한다!

전환율 문제가 있는 지수 곡선

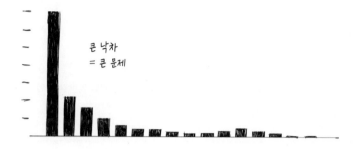

큰 낙차
= 큰 문제

2개의 막대 사이에 큰 낙차가 있다면 사용자에게 장애물이 있다는 것을 뜻한다. 당신은 '미끄럼틀' 곡선이 완만하고 부드럽게 이어지길 바랄 것이다. 급격한 하락, 또는 울퉁불퉁하게 남은 점들은 문제가 있다는 뜻이기 때문이다. 홈페이지가 너무 혼란스러울 경우에도 이런 형태의 그래프가 나타날 수 있는데, 극소수의 사람만이 다음 페이지로 넘어갈 수 있기 때문이다. A/B 테스트는 문제점을 파악하기 어려울 때 사용하면 효과적이다.

세션 vs 사용자

사용자는 웹 사이트에 두 번 이상 방문할 때도 있다. 방문자^{unique user}(순 사용자)와 방문(세션) 사이의 관계는 충성심과 참여에 관해 매우 많은 사실을 알려준다.

내가 당신의 웹 사이트에 방문했다고 가정해보자. 3~4분 정도 머물렀고 좋은 시간을 보냈으며 즐거웠다. 나는 다음날에도, 그 다음날에도 방문했다. 나는 세 차례 방문(세션 수는 3)하기는 했지만 한 명이다. 무척 잘생긴 사람이지만 여전히 한 명이다.

내가 당신의 유일한 방문자였다면(너무 슬프다) 구글 애널리틱스에서는 '세션 수 3', '사용자 1명'이라고 알려줄 것이고, 다른 분석 서비스에서는 '방문자 3명', '순 방문자^{unique visitor} 1명'이라고 알려줄 것이다.

그들은 내가 아무리 칭찬을 듣고 싶어 하더라도 다른 방문자보다 특별하다고 말하지 않는다. '순 방문자 1명'의 의미는 두 번 이상 방문할 수도 있는 한 명의 사용자라는 뜻이다.

숫자는 전체적인 관점에서 파악하라

숫자에 너무 들뜨거나 풀이 죽을 필요는 없다. "세션 3회면 좋은 건가요?"라고 묻고 싶겠지만 이 질문은 틀렸다. 관점이 잘못되었다. 당신은 세션 수가 3,000만 되어도 역대 최고의 기록일 수 있겠지만 어떤 웹 사이트는 300만도 적은 숫자일 수 있다. 모두 상대적인 문제다. 대신 이렇게 물어야 한다.

"지난달에 비하면 세션 3회는 나은 숫자인가?", "세션 수가 그 정도로 많아지려면 얼마나 많은 사용자가 있어야 할까?", "그 숫자는 지난달보다 많은 숫자인가?", "그 숫자는 유사한 제품이 보통 얻을 수 있는 숫자인가?"

이처럼 숫자는 전체적인 관점에서 파악할 때 더 의미가 있다.

세션과 사용자 수 사이의 관계를 좀 더 들여다보고 의미를 추론해 낼 수 있어야 한다. 이를 통해 충성심에 관해 더 잘 이해할 수 있게 될 것이다. 또 첫 방문자를 계속해서 방문하게 하는 방법을 알게 될 수도 있다.

사용자는 사실 디바이스다. 잠깐, 뭐라고?

대부분의 분석 프로그램은 한 명의 사람이 스마트폰과 노트북을 둘 다 사용한다는 점을 반영하지 못한다. 그렇기 때문에 내가 당신의 웹 사이트에 노트북을 통해 3회, 스마트폰을 통해 2회 방문한다면 당신은 구글 애널리틱스에서 '세션 수 5', '사용자 2명'이라는 결과를 얻게 될 것이다. 그 2명의 사용자는 '나'라는 한 명의 사람인데도 말이다.

이에 대해 할 수 있는 건 없다. 그저 알아두기 바란다. 이것의 단점은 실제 웹 사이트를 방문한 사람의 수는 알 수 없다는 점이다. 반면 장점은 얼마나 많은 사용자가 다른 디바이스를 통해 재방문하는지 좀 더 조사해볼 수 있다는 점이다.

신규 방문자 vs 재방문자

당신의 웹 사이트에 방문하는 신규 방문자는 매우 많을 것이며 그중 일부는 다시 방문할 것이다. 그들을 그룹으로 구분해 살펴봄으로써 웹 사이트의 '건강 지수'를 알 수 있고, 무엇이 사람들을 다시 오게 하는지도 알아볼 수 있다.

건강 지수는 내가 고객을 만나거나 내부 회의를 할 때 즐겨 쓰는 비유다. 기본적으로 건강 지수는 전체적인 상황이 '좋아지는지' 혹은 '나빠지는지'를 나타내는 여러 가지 통계의 총합이다.

신규 방문자와 재방문자 수는 매우 많은 부분을 설명한다. 그들은 당신이 만든 웹 사이트의 맥박과 같다.

신규 방문자

사용자가 당신의 웹 사이트를 처음 방문했을 때는 아는 것이 없다. 그들은 광고나 블로그의 링크를 통해 방문했을 수도 있고, 관련된 (혹은 관련되지 않은) 주제를 검색하다가 우연히 웹 사이트를 발견했을 수도 있다. 어떤 방법을 통했든 그들은 신규 방문자다.

재방문자

신규 방문자가 두 번 혹은 그 이상 방문했다면 그들은 재방문자다. 이 사실은 대단히 중요한데, 이제 그들은 당신의 웹 사이트가 어떤 곳인지 알고 있으며 정확히 인식했다는 뜻이기 때문이다.

> **주의** 사용자는 광고나 블로그 링크를 통해 웹 사이트에 찾아왔을 수도 있고, 무언가를 검색하다가 우연히 찾아왔을 수도 있으며, 일부러 찾아왔을 수도 있다.

숫자들은 전체적인 관점에서 볼 때 더 의미가 있다. 대부분의 분석과 마찬가지로 2가지 숫자를 비교하는 데서 새로운 정보가 발생한다. 이번에는 각각의 비율을 알아볼 것이다. 왜냐하면, 신규 방문자 수와 재방문자 수를 더하면 전체 방문자 수가 되기 때문이다. 산수는 재미있다!

기억할 것

비율이 줄어든다고 해서 무언가가 꼭 줄어드는 것은 아니다. 그것은 전체 파이 중 차지하는 부분이 비교적 작다는 의미다. 다른 숫자가 커져 줄어든 것일 수도 있다! 또는 둘 다 증가했지만 다른 숫자가 더 증가했다는 의미일 수도 있다!

성장과 충성 고객 사이에서 균형을 유지하라. 웹 사이트가 초기에 성장할 때는 대부분이 신규 방문자라 해도 좋다. 사람들의 눈에 자주 띈다는 의미이니 말이다. 재방문자 비율은 10~20% 정도 될 텐데, 이는 대략적인 가이드로만 참고하는 것이 좋다.

몇 달 혹은 몇 년의 시간이 지나고 나면, '세션과 사용자'들을 잃지 않는 동시에 이 숫자의 흐름을 바꾸고 싶어질 것이다.

탄탄히 자리 잡은 웹 사이트의 경우 대부분 재방문자로 이루어지며, 신규 방문자는 20~30% 정도 될 것이다. 만약 매우 적은 수의 사람만 다시 방문한다면 아무도 돌아오지 않는다는 뜻이니 문제다. 만약 매우 적은 수의 사람만 새로 방문한다면 아무도 새로 찾아오지 않는다는 뜻이니 그것도 문제다.

페이지뷰

당신의 웹 사이트 혹은 애플리케이션은 효율성을 높여야 하는가? 아니면 더 많은 관심이 필요한가? 페이지뷰page view는 목적에 따라 다른 이야기가 될 수도 있다.

페이지뷰는 웹 사이트나 애플리케이션에서 사용자가 본 특정 페이지로, 사용자가 보는 것 외에 다른 행동을 한 게 아니므로 수동적인 측정 도구라 할 수 있다.

사용자는 특정 페이지를 보거나 그곳에 도달하기 위해 무언가를 클릭하거나 탭했을 것이다. 그러나 페이지가 로딩되고 나면, 그 순간 사용자가 그 페이지를 보지 못하고 집을 나서 우연히 만난 누군가와 사랑에 빠져 행복하게 살았다고 해도 분석 프로그램은 그것을 페이지뷰에 포함하여 셈한다. 어쩌면 '뷰view'는 적당한 단어가 아닐지도 모른다. 페이지 '로드load'가 더 적합하지 않을까?

페이지뷰 수가 높다는 것은 좋은 의미일 수도 있고, 나쁜 의미일 수도 있으며, 둘 다일 수도 있다. 구글이라면 페이지뷰 수가 높은 건 좋지 않다. 사람들은 최대한 빨리 검색 결과를 얻길 바라기 때문이다. 검색 결과 페이지를 한없이 넘기고 싶어 하는 사람은 존재하지 않는다. 그러므로 구글의 경우, 페이지뷰 수가 낮을수록 좋다.

반면 페이스북은 할 수만 있다면 사용자들의 눈을 화면에 고정시켜 계속해서 페이지를 넘기도록 하고 싶을 것이다. 그러므로 페이스북의 경우, 페이지뷰 수가 높을수록 좋다.

당신의 웹 사이트가 페이지마다 자리한 배너를 통해 수익을 벌어들인다면 페이지뷰 수가 높을수록 더 많은 이익을 얻을 수 있다. 그러나 사용자에게 필요 이상으로 많은 페이지를 보도록 강요하면 (10개의 사진이 있는 갤러리가 10개의 개별적 사진 페이지로 나뉘어 있는 경우를 보았는가?) 나쁜 경험이 될 수도 있다. 이처럼 비즈니스와 UX의 목표가 상충할 때 조심해야 한다. 가능하면 이 문제를 확실히 해결하는 것이 좋다.

이 문제를 해결하는 데 어려움을 겪는 중이라면 이것만 기억하면 된다. 사용자가 콘텐츠를 보는 데 너무 많은 수고가 들면 그들은 조금만 보고 떠날 것이다.

오직 더 많은 광고를 보여주기 위해 UX를 하고 있다면 더 좋은 세상이 아니라 더 나쁜 세상을 만들고 있는 것이다.

시간

시간과 페이지뷰는 비슷해 보이지만, 시간은 페이지뷰와 달리 사용자가 어느
페이지에서 관심이 생겼는지 혹은 혼란스러웠는지 등을 알려준다.

방문당 시간(혹은 세션당 시간)은 웹 사이트나 애플리케이션에서 사용
자가 평균적으로 얼마나 오랫동안 체류했는지를 알려준다. 페이지
당 시간은 사용자가 각각의 특정 페이지나 화면에서 평균적으로
얼마나 오랫동안 체류했는지를 알려준다.

많은 사용자를 대상으로 평균 체류 시간을 조사해 데이터를 얻었
다면 각각의 개별적 체류 시간이 매우 다양할 것이라는 사실을 인
지해야 한다. 그러나 어쨌든 평균 체류 시간을 알면 웹 사이트가 전
반적으로 어떻게 돌아가는지 감을 잡을 수 있고, 서로 다른 페이지
들을 비교해볼 수 있다. 예를 들어, 웹 사이트의 방문당 평균 체류
시간이 3초라면 사용자가 필요한 내용을 극도로 빨리 찾아야 하거
나 더 머무르고 싶지 않다는 뜻이다.

당신이 구글이라면 사용자가 찾는 것을 가능한 한 빨리 제공하도

록 노력할 테니 3초는 좋은 신호다. 당신이 위키피디아라면 3초 안에 내용을 다 읽을 수 있는 사람은 없으므로 좋지 않은 신호.

만약 2개의 페이지를 비교했는데 한 페이지는 페이지당 평균 체류 시간이 45초인 반면 다른 하나는 3분이었다면 2개의 페이지는 굉장히 다른 방식으로 작동한다는 뜻이다.

긴 체류 시간이 무조건 좋은 것은 아니다

내용이 혼란스러우면 사용자는 이를 이해하느라 한 페이지에서 오래 체류할 것이다. 체류 시간이 길다는 건 관심이 많다는 뜻일 수도 있지만 메뉴가 헷갈리거나 가입 양식이 너무 어렵다는 뜻일 수도 있다.

더 많이 알고 싶다면 더 많이 비교하라

체류 시간과 페이지뷰는 사용자 행동에 관해 많은 것을 알려준다. 전적으로 '좋은' 혹은 '나쁜' 조합은 없다. 디자인이 어떤 것을 목표하는지에 따라 달렸다.

만약 웹 사이트가 〈뉴욕타임스〉처럼 글이 굉장히 많다면 페이지뷰 수는 낮더라도 사용자가 더 오래 체류하길 원할 것이다. 사람들이 읽고 있으니까! 짧은 시간 안에 많은 페이지를 본다는 것은 훑어보거나, 검색하거나, 길을 잃었다는 뜻이다.

만약 웹 사이트가 핀터레스트처럼 이미지 중심이라면 페이지당 체류 시간은 짧고 페이지뷰 수는 높기를 원할 것이다. 이미지는 빨리 볼 수 있고 소비하기도 쉽다. 사용자가 훑어보니까! 하지만 방문당 체류 시간은 길기를 바랄 것이다. 그들이 탐험하는 중이니까!

만약 당신이 구글이라면 방문당 체류 시간과 페이지당 체류 시간은 짧고 페이지뷰 수는 낮기를 원할 것이다. 사람들이 원하는 결과를 빨리 찾았다는 뜻이기 때문이다.

만약 당신이 페이스북이라면 방문당 체류 시간(관심)은 길고 페이지뷰 수(광고)는 높길 원하겠지만 페이지당 체류 시간은 별로 상관하지 않을 것이다.

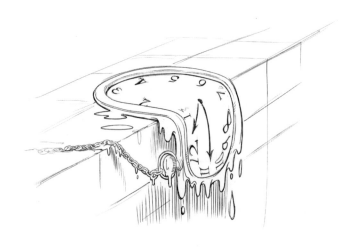

이탈률과 종료율

사용자가 왜 당신의 웹 사이트에 체류하지 않는지, 그리고 당신의 디자인 중 어떤 점이 싫어 떠나는지를 아는 것은 매우 중요하다.

이탈률 Bounce rate

당신의 웹 사이트에 이제 막 도착했지만 안으로 들어가지는 않는 사용자 비율을 일컬어 '이탈률'이라 한다. 그들은 웹 사이트를 이용하는 대신 '이탈'한다.

이탈률이 10~30%라면 그래도 괜찮지만, 70~99%라면 상황을 심각하게 받아들여야 한다. 이탈률이 중간이라면 좋지도 않고, 나쁘지도 않으며, 재미있지도 않음을 뜻한다.

이탈률이 0이 될 수는 없다. 누군가는 늘 이탈한다. 만약 이탈률이 0%이거나 5% 미만이라면 개발자에게 코드에 문제가 있는 건 아닌지 확인해달라고 해야 한다. 이탈률을 엉뚱하게 측정하고 있었을지도 모른다. 이때 목표는 이탈률을 최대한 낮추는 것이어야 한다.

높은 이탈률을 초래하는 가장 일반적인 이유는 디자인이 신뢰를 주지 못하거나, 헤드라인이 잘못되었거나, 인포메이션 아키텍처가 낯설거나, 사용자가 무엇을 클릭해야 하는지 모르기 때문이다.

종료율 Exit rate

모든 사용자는 어떤 시점에서든 당신의 웹 사이트를 떠나게 되어 있다. 그것을 '종료'라 한다. 한 페이지의 종료율은 얼마나 많은 방문자가 그 페이지를 보고 나서 떠나는지를 알려준다.

만약 페이지가 3개라면 평균적으로 사용자 중 33%가 한 페이지에서 종료 버튼을 누를 것이다. 만약 페이지가 10개라면 평균적으로 사용자 중 10%가 각각의 페이지에서 떠날 것이다. 한 페이지에 방문하는 사용자가 많아질수록 종료율이 높아진다.

'혼자 눈에 띄는' 종료율을 기록하는 페이지를 잘 살펴봐야 한다. 만약 다른 페이지보다 종료율이 특히 높거나 특히 낮다면 왜 그런지 조사해야 한다. 다른 곳으로 이동할 수 없도록 길이 막혀 있거나, 양식이 너무 어렵거나, 아니면 뭔가 좋은 것일 수도 있다!

나는 패키지여행 상품을 서비스하는 여행 사이트를 새로 디자인한 적이 있다. 다른 곳에서 흔히 찾을 수 없는 여행 상품 같은 것들 말이다. 페이지마다 디자인이 동일한데 한 패키지가 다른 것보다 특히 낮은 종료율을 나타냈다. 자세히 살펴보니 콘텐츠가 다른 스타일로 적혀 있었다. 훨씬 재미있었다! 그래서 다른 패키지도 그렇게 스타일을 바꾸었더니 사용자들은 한 번 방문할 때 3분이나 더 오래 체류했고 2개의 페이지를 더 보았다!

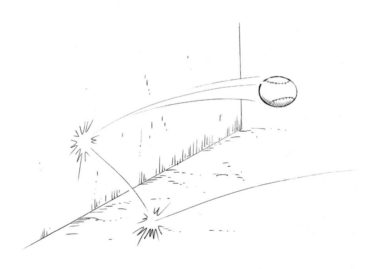

상호작용의 가능성

불확실성은 UX 세계의 일부다. UX는 '네', '아니요'의 문제가 아니다. 중요한 것은 일이 되게 하는 것이 아니라 일이 더 잘되게 하는 것이다.

사용자 행동을 측정할 때 그룹 성향이 어떤지 통계적으로 아는 것은 매우 유용하다. 그 숫자들은 디자인에 관해 많은 것을 알려줄 수 있으므로 제대로 이해해야 한다. UX는 사용자가 무언가를 실행할 기회나 확실성, 가능성을 높이는 일이다.

UX를 사용자의 정신적 룰렛 바퀴 속에서 옵션의 수를 줄여주는 과정이라고 생각해도 좋다. 모든 사용자가 항상 이길 수는 없겠지만 전체적으로 봤을 때 더 많은 사용자가 이길 수 있다.

어떤 일이든 하고 마는 1%

몇 해 전, 사용자 생성 콘텐츠에 관해 토론을 벌이다가 동료 한 명이 내 이름을 붙여 법칙 하나를 만들었다.

나는 페이스북에서 포르노 사이트에 '좋아요' 버튼을 누르는 사람들을 보면 아직도 놀라곤 한다. 누군가는 이용하니 기능을 유지하고 싶은 마음도 들 것이다. 그 유혹을 이겨내야 한다. 사용자는 형편없는 기능을 클릭할 때마다 좀 더 유용한 것을 클릭할 기회를 잃게 된다.

전부를 의미하는 90%

디자인을 훌륭하게 했다면 대부분의 사람은 당신이 원하는 대로 행동할 것이다. 좋다! 만약 사용자 중 90%가 업그레이드를 하기 위해서는 돈을 지불하거나 가입해야 한다는 사실을 인지하고 있다면, 디자인은 훌륭한 것이다. 만약 90%의 사용자가 아무것도 클릭하지 않고 웹 사이트를 떠난다면 위급 상황이다. 사용자의 100%가 모두 무언가를 했다면 그건 기술적 오류가 일어났거나 사용자가 한 명이라는 뜻이다.

확률은 직관적이지 않다

방문자의 10%가 랜딩페이지에서 클릭하고, 그중 80%가 구매를 한다면 좋은 디자인일까? 그렇지 않다. 사람들은 높은 전환율을 보고는 "와! 80%나 구매를 했네!" 하고 놀랄 것이다. 그러고는 신이 나 회식을 할 것이다.

그러나 UX 디자이너인 당신은 그 회식에 참석하면 안 된다. 당신은 90%의 잠재 고객을 잃고 있다. 그 잠재 고객들은 결제 과정이 아니라 랜딩페이지에서 떠났다. 만약 랜딩페이지에서 40%의 사람이 클릭하고 그중 40%만 구매하더라도 매출은 실제 2배가 늘어난다. 전환율이 반 토막이 되었는데도 말이다.

80%의 10% = 8%

40%의 40% = 16%

내가 몸담았던 대부분의 모든 회사가 이런 문제를 갖고 있었지만 사람들은 알아차리지 못했다. 말 그대로 100만 달러짜리 실수다.

구조와 선택

인포메이션 아키텍처와 사용자 심리는 둘 중 어떤 요인이 결과에 영향을 미칠지 혼란스럽게 할 때가 있다. 그리고 인포메이션 아키텍처가 사용자 심리처럼 보일 때도 있다. 그 반대도 마찬가지다.

지금까지 정보를 나타내는 여러 가지 효과적인 방법을 배웠다. 그리고 그런 방법들을 통해 사람들로 하여금 우리가 원하는 선택지를 고르게 할 수 있다는 사실도 알게 되었다.

하지만 당신이 원하지 않는 옵션을 고르는 사람이 너무 많다면 어떻게 해야 할까? 이런 예시는 100만 가지도 넘을 것이다. 그러나 나는 이 레슨에서 그런 방대한 시나리오를 보여주려는 게 아니다. 대신 당신의 내비게이션이나 레이아웃이 심리학의 탈을 쓴 양처럼 보일 때 이를 분간할 수 있도록 도와주고자 한다.

순서 vs 매력

앞서 콘텐츠를 편향되게 만들어 특정 옵션이 다른 옵션보다 더 매력적으로 보이게 하는 방법을 배웠다. 그런데도 사용자가 그런 옵션들을 비껴간다면 잘못 디자인했을 가능성이 크다. 아니면 그저 순서를 잘못 배치했을 수도 있다. 가로로 죽 늘어선 목록의 왼쪽 아이템과 세로로 늘어선 목록의 맨 위 아이템은 사람들의 눈에 가장 먼저 띄기 때문에 더 많은 클릭을 받게 된다.

앵커링은 그것이 가장 처음 보는 선택일 때만 효과가 있다. 사용자는 다른 것을 먼저 발견하면 다른 것을 클릭할 것이다. 사용자가 그 옵션을 좋아해서 선택한 거라고 오해해서는 안 된다. 이렇게 잘못된 오해를 바탕으로 전략을 짜지 않도록 주의해야 한다.

내용 주목 vs 표면 주목

앞서 사용자의 관심을 사로잡는 방법, 방해하는 메시지를 최소화하는 방법을 배웠다. 그런데 만약 모든 사람이 당신의 웹 사이트를 좋아하지만 읽지는 않는다면 어떻게 해야 할까?

최근 웹 사이트들은 사람들이 스크롤할 때마다 놀랄 만한 시각 효과나 애니메이션 기능을 보여준다. 문제는 스크롤을 멈추고 읽는 것보다 아래로, 위로 스크롤하는 것이 재미있을 때가 있다는 것이다. 그것이 표면 주목이다. 그러나 우리는 내용에 주목하길 원한다. 애니메이션과 멋진 효과들은 재미를 주는 요소로 사용되어야지, 그것이 디자인 자체가 되어서는 안 된다. 관심을 끄는 데 있어 모션이 최상위에 있다는 사실을 기억하라. 사람들은 무언가가 움직이면 그것을 볼 것이며, 움직이지 않는 것은 보지 않을 것이다. 움직이고 있는 글자를 읽어본 적 있는가? 아마도 없을 것이다. 움직이는 글자를 따라가느라 정신이 없을 테니.

모션과 패럴랙스 효과는 사용자가 실행해야 하는 것에 이목을 집중시켜야 한다. 사용자가 디자이너의 상상력에 감탄하는 것으로 끝나서는 안 된다.

계층 vs 동기

앞서 사용자가 가입, 구매, 구독, 업그레이드 등 중요한 행동을 하도록 동기 부여하는 것이 가장 중요하다는 것을 배웠다. 전환율이 떨어진다면 그건 사람들이 가입을 원하지 않기 때문일 수도 있다. 아니면 장애물이 있어 사용자가 목적지에 도착할 수 없는 것일 수도 있다.

만약 사용자가 페이지에서 아래로 죽 클릭을 하며 내려가는데 '가입' 버튼을 찾지 못한다면 가입하려는 마음이 있어도 다시 뒤로 가지는 않을 것이다. 그리고 그 문제는 시각적으로 확연히 드러나지 않으니 이를 언급하는 사람은 거의 없을 것이다. 그럼 비즈니스에 문제가 발생한다.

A/B 테스트

사용자 리서치와 사용자 심리는 사용자가 어떻게 행동할지, 그리고 무엇을 실행할지를 예측하는 데 도움이 된다. 그러나 우리는 예측하기만을 바라지 않는다. 더 자세한 것을 알고 싶다!

동시에 모든 옵션을 출시하라

신발을 판매하는 페이지를 디자인한다고 가정해보자. 물론 당신은 최대한 많은 신발이 팔리길 원할 것이다. 사람들이 신발을 더 많이 사게 하려면 어떻게 해야 할까? 신발 영상을 올릴까? 신발 브랜드 로고가 잘 보이게 할까? 완벽한 배송 정보를 설명할까? 환불 보증 정책을 설명할까?

만약 가장 먼저 든 생각이 '사용자에게 물어보자!'였다면 그것도 나쁘지는 않다. 그러나 이처럼 선택이 매우 주관적인 경우에는 사람들에게 질문해봤자 그저 사람은 모두 다른 것을 좋아한다는 사실만 확인할 수 있을 뿐이다.

그렇다면 주관적인 문제는 어떤 방법을 통해 결정을 내릴 수 있을까? 전부 디자인해보면 된다! 그리고 나서 A/B 테스트 일환으로 동시에 모든 옵션을 출시하라.

A/B 테스트란

A/B 테스트란 수천 혹은 수백만 명의 실제 방문자에게 어떤 옵션이 가장 좋은지 묻는 방법이다. 이 테스트에서는 한 명의 방문자가 한 가지 옵션만 보게 설정되어 있다. 충분히 많은 사람이 테스트를 거치고 나면 어떤 버전의 디자인이 가장 많은 클릭을 얻었는지 확

인할 수 있다. A/B 테스트에서는 통계학적인 '신뢰 수준' 또한 측정해야 하는데, 그래야 테스트가 끝났는지 알 수 있기 때문이다(너무 일찍 끝내지 마라!).

2가지 버전으로 테스트할 수도 있고, 20가지 버전으로 테스트할 수도 있다. 기억해야 할 점은 트래픽 중 각각의 그룹은 하나의 버전만 볼 수 있다는 사실이다. 그러므로 더 많은 버전을 테스트할수록 더 많은 트래픽과 시간이 소요된다.

몇 가지 팁

1. A/B 테스트는 테스트하려는 페이지를 디자인하고 만드는 데드는 시간을 제외하고는 대개 다른 비용이 들지 않는다. 그러나 그로 인해 얻을 수 있는 결과는 너무나 중요하기 때문에 약간의 비용이 들더라도 할 만한 가치가 있다.

2. A/B 테스트는 새로운 페이지를 출시하고 난 뒤 그 페이지가이전 것보다 더 나은지 지켜보는 것과는 다른 작업이다. 2개의 디자인을 비교할 수 있는 유일한 방법은 동일한 사람의 수를 대상으로 동시에 시험해보는 것이다.

3. A/B 테스트는 조건을 하나만 바꿨을 때 가장 신뢰할 수 있다. 만약 2개의 페이지가 동일한 조건에서 하나는 빨간색 링크를 사용하고 다른 하나는 파란색 링크를 사용했다면 그것은 괜찮다. 그러나 그 둘이 메뉴까지 다르다면 다른 결과가 나왔을 때

그 이유가 링크 색상 때문인지 메뉴 때문인지 알 수 있는 방법이 없다. 만약 여러 가지 조건을 테스트하고 싶다면 다변수 테스트multivariate test가 필요하다(다음 레슨에서 다룰 것이다!).

4. 홈페이지와 결제 양식처럼 완전히 다른 종류의 페이지를 테스트하는 것은 소용없는 일이다. 그건 올바른 A/B 테스트가 아니다.

다변수 테스트

A/B 테스트는 디자인의 특정 변화를 테스트할 때 매우 유용하다. 하지만 한 요소가 다른 요소에 어떤 영향을 미치는지 테스트하고 싶다면 다변수 테스트가 필요하다.

여러 조합을 테스트할 수 있는 다변수 테스트

'다-변-수' 하고 말해보자. 페이지나 웹 사이트에서 한 가지 요소에 변화를 줄 때 이는 사용자가 다른 요소를 바라보는 관점에도 영향을 미친다. 다변수 테스트는 여러 디자인 요소 사이의 관계를 테스트해볼 수 있게 한다.

헤드라인에 다음 3가지 옵션이 있다고 가정해보자.

- 헤드라인 1: '이건 정말 최고야!'
- 헤드라인 2: '이건 정말 최악이야!'
- 헤드라인 3: '이건 나름 괜찮은데!'

그리고 헤드라인에 어울릴 만한 사진도 3개가 있다!

- 사진 1: 강아지
- 사진 2: 햄버거
- 사진 3: 당신의 어머니

그렇게 나쁜 예는 아니다. A/B/C 테스트처럼 보인다. 그렇지 않은 가? 아니, 그렇지 않다. 여기 놀랄 만한 이야기가 있다. 제시된 헤드라인과 사진은 각각 조합될 수 있다. 조합에 따라 사용자는 제각기 다른 반응을 보일 것이다.

어떤 사람들은 헤드라인 1을 보고 클릭하고 싶어질 텐데, 그건 그들이 좋아하는 사진이 함께 있는 경우에만 그럴 것이다. 어떤 사람들은 헤드라인 2를 보고 클릭하고 싶어질 텐데, 그건 그들이 싫어하는 사진이 함께 있는 경우에만 그럴 것이다. 아니면 당신 어머니의 사진이 모든 헤드라인을 돋보이게 만들지도 모른다!

정말 주관적이고 정말 복잡하다. 어떤 조합을 사용해야 할지 어떻게 알 수 있을까? 다변수 테스트는 이럴 때 사용한다.

계산 능력이 뛰어난 다변수 테스트

이 경우 사진과 헤드라인을 조합하면 총 9가지 경우가 나온다.

- 헤드라인 1과 사진 1 또는 사진 2 또는 사진 3
- 헤드라인 2와 사진 1 또는 사진 2 또는 사진 3
- 헤드라인 3과 사진 1 또는 사진 2 또는 사진 3

머리로 계산하기에는 정보가 너무 많다. 당신의 두뇌로는 어떤 헤드라인과 사진 조합이 가장 인기가 많을지 절대 합리적으로 추정할 수 없다. 그러니 하지 마라!

소프트웨어가 헤드라인과 사진 조합을 만들어 테스트하게 하면 된다. 그 결과 헤드라인 2와 사진 3이 가장 높은 수의 클릭을 얻은 것으로 나타날 수도 있고, 헤드라인 1과 사진 1이 가장 높은 수의 클릭을 얻은 것으로 나타날 수도 있다.

다변수 테스트는 많은 조합을 테스트해야 해서 A/B 테스트에 비하면 더 많은 트래픽이 필요하지만, A/B 테스트로는 알아내기 골치 아픈 문제를 쉽게 해결할 수 있다.

때로는 A/B 테스트가 답이다

심리학을 활용해 무언가를 좀 더 좋아 보이게 하는 방법을 배웠다. 그런데 2가지 심리 전략 중 한 가지만 선택해야 한다면 어떻게 해야 할까?

결국에는 심리 대 심리 싸움인 디자인 선택을 해야 하는 단계에 이를 것이다. 동기 대 동기, 감정 대 감정, 이런 결정들 말이다.

회사에서 신뢰를 얻는 것과 제품 사용자들에게서 신뢰를 얻는 것 사이에서 택해야 할 수도 있다. 브랜드의 고급 이미지와 대중의 인기 사이에서 택해야 할 수도 있다. 단어 '기쁘다'와 단어 '저장하다' 사이에서 택해야 할 수도 있는데, 둘 다 혜택을 뜻하기 때문에 선택하기가 쉽지 않다.

이러한 상황에서는 이론에 근거해 결정을 내리는 것이 거의 불가능하다. 1만 명 정도의 사용자에게 물을 작정이 아닌 이상 대면 질문도 신뢰성이 떨어진다.

그렇다면 어떻게 해야 할까? 실험을 디자인해 출시하라. 고민되는 심리적 요소만 남겨두고 정확히 똑같은 버전으로 만들어야 한다. 결과를 비교해 사람들이 좋아하는 것으로 결정하라. 과학적으로 행동하라. 과학을 신뢰하라. 과학 자체가 되어라.

제14장

UX 업계에 몸담고 싶다면 →

UX 디자이너가 하는 일

UX 디자이너로서 처음 출근하는 날이다. 무척 설렐 수도 있고, 두려울 수도 있다. 그러나 걱정할 필요 없다. 내가 예상 일과를 알려주겠다.

평소처럼 사무실에 늦게 출근하면 개인 비서가 취향에 딱 맞는 커피를 가져다준다. 대기실을 가득 메운 사람들이 내 뛰어난 지식을 전수받기 위해 기다리고 있다. 하지만 나는 그들이 나의 중요성을 인지할 수 있도록 못 본 체하고 방으로 들어가 이를 잠시 즐긴다. 책상에 두 발을 턱 올리고 커피를 한 모금 마신다. 마음이 내키면 사람들을 차례로 불러 그들이 내 와이어프레임을 찬양하는 이야기를 듣는다. 사람들은 내게 "감사합니다"라고 인사하며 연신 고개를 숙인다.

혹시 이런 모습을 기대했는가?

꿈 깨라!

전문적인 UX 디자이너가 되면 대부분의 시간 동안 정보를 수집하거나 사람들에게 무언가를 설명하는 일을 한다. 사람들은 당신에게 동의할 수도, 동의하지 않을 수도 있다.

UX는 모든 팀에서 중요한 역할을 한다. 당신은 많은 업무를 책임지고 그에 적합한 연봉을 받게 될 것이다. UX는 대부분의 동료가 잘 알지 못하는 영역이다. 그들이 얼마나 자주 일을 요청하는지, 얼마나 당신의 요청을 새겨듣지 않는지 알게 되면 깜짝 놀랄 것이다.

매우 다양한 UX 관련 업무

UX 실무자의 일은 고객 유형, 프로젝트 종류, 회사 종류뿐 아니라 자본이 많은 회사인지 적은 회사인지에 따라서도 매우 다양하다. 궁금증이 가득할 당신을 위해 어떤 일을 하게 될지 알려주겠다. 이는 내가 스타트업, 에이전시, 인하우스 등에서 다년간 일하며 경험한 것을 바탕으로 한 결과다. 과학적인 분석과는 거리가 멀다는 점을 알아두기 바란다.

내부 회의(대부분 불필요)	30%
문서 디자인	10%
스케치/와이어프레임	10%
페이스북/메신저 잡담	7%
요청 및 피드백에 관한 논의	6%
휴식 시간	6%
동료가 보낸 웃긴 영상 시청	5%
데이터/리서치 분석	5%
개발자와 디자인 논의	3%
상사 및 고객에게 아이디어 발표	3%
분석 결과 검토	3%
'아니요'라고 답해야 하는 질문에 '네'라고 답하기	2%
창밖을 보며 생각에 잠기기	2%
UX 블로그 읽기	2%
자신의 능력에 감탄하기	1%
대면 사용자 리서치 수행	1%
비(非)디자이너에게 세부 지침 받기	1%
예술적 영감 표현하기	0.99%
격렬하게 표현하기	0.9%

사람들이 사실을 사실로 받아들이게 하기	0.5%
연봉 자랑하기	0.5%
'아이패드 당첨 기회'가 왜 좋지 않은 아이디어인지 설명하기	0.1%
상 받기	0.01%

자신에게 적합한
UX 직무 찾기

UX 디자이너들은 대부분 비슷한 일을 하지만 각각의 일에서 집중하는 분야는
다르다. 어떤 분야가 자신에게 적합할까?

뜨거운 논쟁을 벌이고 싶다면 UX 디자이너 한 무리가 있는 방으로
들어가 "UX의 정의는 무엇인가요?"라고 물으면 된다. 장담하건대
지옥이 펼쳐질 것이다. UX는 '성격'이라는 단어와 비슷하다. 모두
가 그 단어가 뜻하는 바를 알고 있지만 누군가가 특정 용어로 정의
를 내리려고 하면 불꽃이 튈 것이다. 이 점을 염두에 두기 바란다.

나는 당신이 이제 막 UX에 입문하려는 사람으로서 어떤 일을 하고
싶은지, 세상에는 어떤 직업들이 있는지, 어떤 직업이 자신에게 적
합한지 알고 싶은 마음을 이해한다. 지금부터 UX 역할에 대해 간
략하게 알려주겠다. 이 때문에 내게 살해 협박을 해오는 사람이 없
길 바란다.

UI vs UX

우선 UI와 UX는 완전히 다른 종류의 일이다. 만약 채용 공고 직무란에 'UI/UX'라고 명시되어 있다면 그 회사는 UX가 무엇인지 모르거나 한 사람을 채용할 돈으로 2가지 역할을 맡기겠다는 속셈이니 조심하라.

UI는 당신이 눈으로 보는 것과 관련이 있고, UX는 당신이 그것을 보게 되는 이유와 관련이 있다. 만약 외관이 아름다운 애플리케이션을 만들거나, 브랜드를 만들고 캠페인을 진행하거나, 로고와 아이콘, 배색을 디자인하는 일이 즐겁다면 UI에 잘 맞을 것이다.

반면 이 책에 언급된 내용이 더 흥미롭다면 UX가 더 잘 맞을 것이다(그러나 둘 다 배우는 것은 언제나 좋다!).

제너럴리스트 vs 스페셜리스트

UXer나 채용 담당자가 제너럴^{general} UX(모든 걸 조금씩 다 할 줄 아는)나 스페셜리스트^{specialist} UX(이 레슨에 언급된 역할 중 하나에 집중한)를 언급하는 것을 들어본 적이 있을 것이다.

나는 모든 입문자가 제너럴리스트가 되어야 한다고 생각한다. 모든 걸 시도하라. 모든 걸 배워라. 사람들이 맡기고자 하는 일은 무엇이든 맡아라. 그리고 UX의 전 분야에 능숙해지면 그때 한 분야를 전문적으로 다룰지 결정하면 된다.

인포메이션 아키텍처

인포메이션 아키텍처는 주로 콘텐츠와 페이지의 구조에 관한 일을 한다. 애플리케이션이나 간단한 웹 사이트처럼 작은 프로젝트에서는 인포메이션 아키텍처가 그리 어렵지 않으므로 분리된 역할이 따로 있지 않다. 그러나 글로벌 기업의 내부 전산망이나 정부의 방대한 기록 보관소, 소셜 네트워크, 위키피디아와 같은 거대한 프로젝트에서는 인포메이션 아키텍처가 무척 중요하다. 이런 일들에 스스로가 적임자라고 생각된다면 인포메이션 아키텍처가 잘 맞을 것이다.

인터랙션 디자인^{IxD, Interaction Design}

인터랙션 디자인은 스타일이 거의 배제된 인터페이스를 만드는 일이다. 그러므로 인포메이션 아키텍처와는 크게 관련 있지 않으며, 실제 페이지에 사용되는 애니메이션과 플로우, 레이아웃에 대한 세세한 작업을 맡게 된다.

인터랙션 디자인은 프론트엔드^{frontend} 개발이나 UI 디자인과 좀 더 연관된 편이다. 그러한 것을 고려하지 않고 인터랙션 디자인을 할

수 없기 때문이다. 이 일이 흥미로워 보인다면 인터랙션 디자인이
선택지가 될 수도 있다.

UX

UX는 '우산'처럼 여기 적힌 모든 역할이 포함되는 보편적인 용어
다. 특정 영역에만 집중하고 싶지 않거나 좀 더 큰 그림을 보는 디
자이너가 되고 싶다면 UX가 적합하다. 나는 지금껏 그 일을 해왔
고, 여전히 그 일을 좋아한다.

UX는 스페셜리스트인 인포메이션 아키텍처나 인터랙션 디자인
일을 하는 사람들보다는 타 부서와 더 많이 교류하고 비즈니스 측
면을 더 고려해야 한다. 그러니까, 인터페이스 같은 기능보다 제품
을 전체적 관점으로 바라보는 일이 더 흥미롭게 느껴진다면 UX가
제격이다.

UX 전략

UX 전략이 어떤 일인지 한 문장으로 설명하기는 어렵지만 마케팅
과 UX가 합쳐진 개념으로 생각하면 도움이 될 것이다. 이 직무는
큰 규모의 기술 중심 회사나 디지털 에이전시에서 많이 필요하다.
이런 회사들은 제품 문제를 해결하는 것보다는 마케팅적인 측면에

잘 들어맞는 것에 집중한다.

만약 당신이 주류 회사의 애플리케이션을 만든다면 사용성보다는
전략에 초점을 두어야 한다. 디지털 기술이 술을 더 나은 제품으로
만들어주는 건 아니기 때문이다. 여전히 멋진 일이고, 여전히 UX
가 맞지만 다른 종류의 일이다.

그로스 해커Growth Hacker가 되고 싶거나, 마케팅 캠페인에 UX를 활용
하고 싶거나, 덜 기술적인(그러나 광고에 더 집중된) 일을 하는 UX 디자이
너가 되고 싶다면 이 직무가 적합하다.

UX 리서치

UX 전략과 비교하자면, UX 동전의 반대편에는 UX 리서치가 있
다. 이들은 나 같은 제너럴리스트에 비하면 대면 사용자 인터뷰를
훨씬 많이 하고, 데이터도 훨씬 오랫동안 들여다본다. 만약 분석을
좋아하고 사용자 문제 해결에 관심이 많다면, 그리고 좀 더 과학적
인 것을 좋아한다면 잘 맞을 것이다.

에이전시, 인하우스, 아니면 스타트업?

일하는 회사의 유형에 따라 역할도 바뀐다. 가능하다면 모든 유형
의 회사에서 일해보길 추천한다. 각각의 회사에서 저마다 다른 것

을 배우게 될 것이다.

에이전시

광고 에이전시나 UX 에이전시에서 컨설턴트로 일하게 되면 다양한 유형의 수많은 프로젝트를 경험하게 될 것이다. 에이전시에서는 속도가 중요하다. 즉 무척 빠르게 배우게 될 것이며, 훨씬 흥미진진하고 다양한 일을 경험하게 될 것이다.

그러나 에이전시에서는 보통 한 프로젝트당 3~6개월이면 일이 끝나고 '버전 2' 같은 것을 할 기회가 없으므로 한 제품에 대해 길게 고민하고 오랫동안 작업할 기회가 없다.

인하우스

한 회사의 팀원으로 일하게 되면 주로 하나의 제품이나 한 세트의 제품만 다루게 될 것이다. 그러므로 특정 사용자와 제품에 대해 깊이 이해할 수 있게 된다. 아마도 한 제품의 여러 버전을 만들게 될 텐데 여러 가지 새로운 '시도'를 할 수 있으며 A/B 테스트 등을 통해 개별적인 기능과 기술에 관해 많은 것을 배울 수 있을 것이다.

그러나 인하우스 팀은 아주 오랫동안 같은 제품을 작업하므로 경험이 한정되며 다른 분야는 깊이 알 수 없다.

스타트업

스타트업에는 흥미진진한 기회들이 많다. 그리고 당신은 아마도 회사 내 모든 분야에 관여하게 될 것이다. 스타트업에는 디자이너가 많지 않으므로 더 많은 책임을 맡게 될 수도 있다. 때로는 씹을 수 있는 것보다 입에 더 많은 걸 물었을 때 가장 많이 배운다고 하지 않는가.

그러나 스타트업에서는 UX를 경험한 상사가 없을 가능성이 크기 때문에 당신 혼자 결정해야 할 수도 있다. 일이 잘되면 더 큰 공을 인정받겠지만 조심하지 않으면 제품을 아예 망쳐버릴 수도 있다. 또 예산이 거의 없어 '무료'나 다름없는 비용조차 지나치게 비싸게 느껴질 것이다. 이 점은 힘들겠지만 당신이 창의성을 발휘한다면 더 좋은 아이디어를 낼 기회가 될 수도 있다.

자신을 어필하는 방법

UX는 여전히 일반인에게는 새롭고 이해하기 어려운 분야다. 그러므로 회사에 지원할 때 당신이 하는 일에 대해 구체적인 정보를 제공하고 아이디어를 주어야 한다.

청중이 누구인지 기억하라

UX 담당자를 뽑기 위해 당신을 인터뷰하는 '채용 담당자'는 보통 UX에 대해 잘 모를 것이다. 그렇지 않더라도 최소한 그렇게 가정하고 지원을 준비해야 한다.

포트폴리오를 설명할 때는 자신이 하는 일이나 관심 있는 분야를 먼저 이야기하라. 나중에 추가하게 될 경력을 언급하는 것 또한 나쁘지 않다.

만약 채용 담당자가 UX 전문가라면 당신이 준비해 간 간단명료한 소개를 좋게 볼 것이다. 만약 UX 관련자가 아니라면 당신에게 어떤 질문을 해야 하는지, 왜 당신의 포트폴리오에는 '예쁜 것'들이 별로 없는지 힌트를 얻을 수 있을 것이다.

이야기는 짧게, 시각적으로 전달하라

보통 UX 포트폴리오에는 멋진 스크린 캡처를 많이 담지 않는다. 만약 매력적인 인터페이스를 만들 수 있다면 넣는 것이 좋지만 그렇지 않다면 자신이 한 일을 이야기로 풀어내야 한다.

설명은 짧고 간단하게 하라. 채용 담당자가 세세하게 알고 싶은 마음이 든다면 추가로 더 물어볼 것이다. 지금은 당신이 무엇을 했는지, 왜 했는지, 어떻게 리서치를 했는지, 어떤 한계가 있었는지를 설명하면 된다.

UX에서는 스타일이 그렇게 중요한 건 아니지만 시각적인 자료들, 가령 스케치나 와이어프레임, 분석 결과 스크린 캡처, 사이트 맵, 디자인 전후 비교 사진 등이 있어야 한다.

당신이 어떻게 디자인했는지 보여주어라! 어떤 일을 했는지 알려주어라!

문제, 통찰, 결과에 집중하라

만약 사진과 관련된 이야기를 주로 하면, 사진 관련 일만 한다는 인상을 심어줄 수 있다. 그러니 그러지 마라.

당신의 모든 프로젝트는 크게 다음과 같이 요약되어야 한다. 리서치를 통해 어떤 문제를 발견했고, 뛰어난 통찰로 증거 자료와 데이터가 뒷받침된 솔루션을 도출했으며, 마지막으로 그 솔루션의 결과가 좋았다!

사용자를 이해함으로써 일을 성공시킨 경험이 있다는 것을 보여준다면, 경험이 많든 적든 당장 채용하고 싶은 마음이 든 것이다.

경험이 없다면 만들어라

UX는 다른 직무들과 달리 실제 직업이나 고객 없이도 기본적인 포트폴리오를 만들 수 있다.

- 케이스 스터디를 하라: 유명 제품이나 웹 사이트 혹은 일하고 싶은 회사를 대상으로 실제 그 서비스를 사용하는 사람들을 관찰하라. 당신이 발견한 몇 가지 문제를 해결할 수 있는 콘셉트를 디자인해보고 A/B 테스트를 통해 더 조사해보라. 당신이 설계한 디자인의 근거를 설명하고 와이어프레임을 만들어 작업물을 보여주어라.

- 실제 문제를 해결하라: 현실에서 만나는 문제를 해결할 수 있는 모바일 애플리케이션을 디자인하라. 크게 만들 필요는 없다. 스스로 해결책을 만들어낼 수 있다는 것을 증명할 수 있다면 그걸로 충분하다. 미래의 상사는 그 점을 높이 살 것이다.
- A/B 테스트를 하라: 블로그나 개인 웹 사이트를 운영하고 있는가? 그래야만 한다. 구글 애널리틱스의 콘텐츠 실험[Content Experiments]이라는 제품을 통해 무료로 A/B 테스트를 할 수 있다. 당신의 웹 사이트에서 몇몇 테스트를 진행해보고 결과가 나오면 포트폴리오에 넣으면 된다.

당신답게 행동하라

자신의 성격을 드러내는 것을 겁내지 마라! 채용 담당자가 온종일 책상에 쌓인 넘는 지원서를 읽고 있다면 그중 똑똑하고 통통 튀는 지원자가 특히 관심을 끌 것이다.

개인 블로그가 있는가? 링크를 남겨라!

사진을 찍는가? 사진을 몇 장 붙여라!

남들과 다른 배경을 가졌는가? 언급하라!

신입에게 많은 것을 기대하는 사람은 없다. 당신이 똑똑하고 문제를 해결할 능력을 갖추었으며 열심히 일할 준비가 되었다는 점을 보여주어라. 나머지는 그저 사소한 문제다.

마치며

100개의 레슨이 다 끝났다! 정말 잘했다!

UX는 90%는 당신의 생각, 10%는 디자인이다. 당신이 이 모든 레슨을 읽었고, 이해했고, 실제 제품에 적용할 수 있을 것 같다면 이미 잘하고 있는 것이다.

나는 평소에는 냉소적인 편이지만 UX에는 언제나 큰 열정을 갖고 임한다. 이 책을 통해 나의 열정이 당신에게 전해졌길 바란다. 끝까지 읽어주어 고맙다. 행운을 빈다.

마지막으로 나의 블로그 주소를 적어두니 도움이 필요하면 찾아오기 바란다. 언제나 환영이다.

www.TheHipperElement.com

하루 5분 UX

UX/UI 디자인 실무를 위한 100가지 레슨

초판 발행 | 2022년 8월 5일
1판 3쇄 | 2023년 11월 27일
펴낸곳 | 유엑스리뷰
발행인 | 현호영
지은이 | 조엘 마시
옮긴이 | 김은지
편   집 | 김동화
주   소 | 서울 마포구 백범로 35, 서강대학교 곤자가홀 1층
팩   스 | 070.8224.4322
이메일 | uxreviewkorea@gmail.com

ISBN 979-11-92143-37-8

UX for Beginners by Joel Marsh